はじまりの時

光を観じ愛に生きる時代へ

長 典男
長谷川章子

きれい・ねっと

まえがき

　この度、ひょんなことから「（長谷川）章子さんとの対談本を出しましょう」というお話になり、よく考えもせずに「それはいいですね」と簡単に了解してしまったのですが、後から考えるととんでもないことを引き受けたものだと思いました。

　何がそんなにとんでもないことなのかというと、私も過去に対談をまとめた本を何冊か出版させていただいていますが、その時に対談した方々は通称「黄門様御一行ツアー」のメンバーである滝沢泰平さんや鳴海周平さんであったり、「ときめきの富士」という題名で富士山の写真を撮り続けているロッキー田中さんなどで、基本的に男性ばかりであったことが幸いしたのか、モノを見る視点や考え方が大きく異なることはあっても、真逆になることまではありませんでした。

　ところが、今回の対談をしていく中で、章子さんのことを知れば知るほど私とあらゆる点で真逆であることが判ってきました。極端な言い方をすれば、見方や考え方などがあまりにも違いすぎて、噛み合う部分が全くと言っていいほど無いということが判ったのです。

もちろん、過去には章子さんが主催する「光を観る旅」でご一緒したことも沢山ありましたが、よくよく考えてみると「光を観る旅」での章子さんはツアーをまとめる「羊飼い」であり、私はツアーの案内役という具合に役割分担がされていたので、話が噛み合わなくても、何の問題も起きなかったのです。

それが今回はガチンコの対談だというのです。章子さんにも個性を発揮していただかないといけませんが、私と話す内容があまりにも食い違って噛み合わないようだと、本そのものが出来上がらなくなってしまうのではないかと本気で心配になってしまいました。

でも、その心配を解消してくれたのが、きれい・ねっとの山内尚子さんでした。対談しているときは話が脱線しないようにリードしてくださり、それでも相当な長時間にわたった対談をしっかりと読みやすくまとめてくださったのです。このときの尚子さんは、正に「編集の魔術師」という感じでした。

章子さんはもちろん、尚子さん、そしてパートナーである加緒里の協力があり、さらにこの本の製作に関わられた方々の努力があって、纏まらないだろうと思っていた本が今ここに編纂されました。女性性の時代の到来を感じさせる思いの詰まった本ですので、この本を手に取られた方々が何かを感じていただき、はじまりの時、これからの人生の道しるべのひとつになればと思っています。最後に、この本の制作に携わっていただいた方々に感謝申し上げます。

平成31年4月21日

長　典男

目次

第3章 新時代創造のカギとなる日本の役割

第4章 観自在のミッション・ナビゲーター

第5章
路傍の石として生きる

第6章
光を観じ愛に生きる時代へ

第1章

目指すのは愛あふれる時代

❖空海の縁がつないだ真逆の二人

章子　今日はどうぞよろしくお願いいたします。今回は、地球全体にとっても、私たち一人ひとりにとっても大きな変化が始まっている今、知っておかなければならない、学んでおかなければならないことを、長さんとの対談でお伝えするということなのですが、どんなお話が飛び出すか、本当に楽しみです。

長　こちらこそ、よろしくお願いいたします。
ところで、（長谷川）章子さんと対談することが決まってからずっと、僕は色々な意味でものすごく心配だったんです。

章子　えっ！　開口一番、どういうことでしょうか？

長　先ほど章子さんがおっしゃってくださったことを対談するとなると、大きなテーマがどうしても「愛」ということになってしまうんですね。

章子　すばらしいテーマだと思います。

長　はい。たしかにすばらしいのですが、僕は本当に「愛」の世界からはほど遠い人間なので、「愛」と口にするだけでも恥ずかしくて仕方ないんです(笑)。

でも、とにかく間違いなく今一番多くの方に知っていただかないといけないことなので、章子さんに手助けしていただきながら、なんとかお話ししていかなければと思っています。

章子　とんでもないです！　長さんの胸をお借りするつもりで、楽しくお話しできればと思っています。

それにしても、長さんとは話せば話すほどお互いに真逆で、それなのに気が合うというのが、すごく不思議なんですよね。

これまでの時代は「違う」ということが対立につながっていたのだけれど、違うからこそできることがあるよねというふうに軸を変えると、こういう面白い化学反応が起こるのかもしれません。考え方や表現の仕方は違うけれど、向かっている先は同じだねということを体現しているようにも思えますね。

長　気が合うのはたしかですが、ポジティブな右脳派の章子さんとネガティブな左脳派の僕で対談が成立するのかなと、それについてもかなり心配ですね。

章子　長さんは左脳派だから心配なんですね。私なんて、最初からまったく心配していないですから(笑)。何度もツアーでコラボしているのだから、そんなに悲壮にならなくてもご心配には及びませんよ。

長　章子さんは本当に明るく楽観的ですね。暗くて悲観的な僕とは、やはり対照的です。

章子　そんな真逆で対照的な長さんと私がきちんとお話しさせていただいたのは、2015年3月、「八ヶ岳さろん星の雫」（旧 八ヶ岳サロン・ブーツ）を一棟貸し切りにした2日間のツアーを企画、開催した時でした。

事前の打ち合わせのために八ヶ岳へ行った時に、ちょうどサロンの2階で長さんがセッションをされていて、その時のお話の流れでツアーの時に講演していただけることになりました。

長　あの時、章子さんがチャネリングして空海を降ろしてきてしまったのが、すべての始まりでしたね。

章子　講演では、長さんが濃い話を惜しげもなくしてくださいました。フリーメイソンやM資金など普通では聞くことのできない興味深いお話ばかりで、皆さん一生懸命メモを取って聞いていたのですが、時間が長くなってくると咀嚼《そしゃく》が間に合わなくなってきて、だんだん筆が止まっていったんですね。

するとと、上から誰かが降りてこられて、「そろそろ一息いれてあげなさい」と言うんです。私個人の思いも入っているかもしれないと思いつつそれをお伝えすると、長さんが「ああ、キリストが来ていますね」とおっしゃって。長さんには視えるんですね。

それで、せっかくキリスト様が来ていらっしゃるならお話ししてもらおうということになってチャネリングを始めたんです。

長　たしか、マリア様やアマテラス様も降りてこられましたね。それに空海さんも。

章子　観音様もいらしていましたね。ちょっと驚いたのが、その時の空海様は私たちが思うような尊いお言葉ではなくて「自分はずいぶん長い間高野山の奥の院にいるけれど、みんな自分のことしか願っていかない。まったく困ったものだ」と愚痴をこぼしていたんです。

それだけでも十分驚きなのですが、さらに驚いたのがそれに対する長さんの返答です。普通なら「それは大変ですね。私たちも反省しなければなりません」という感じだと思うのですが、長さんは「お前があんなものを作るのが悪いんだよ」と、空海様に向かってタメ口で突っ込むんです。後で伺ったら、長さんは空海様と気心の知れたお友達だったというので、またさらに驚きました。

長　他の方に対しては、きちんと敬意を払っていたんですが、空海さんは一緒に中国に渡った仲間なので、どうしても昔ながらに話してしまったんですよね。

章子　このチャネリングがきっかけになって、空海様にご縁のある人や場所とどんどんご縁がつながっていくことになるのですが、実は私は、あの後真っ青になったんです。
　長さんはとても優秀な審神者《さにわ》（古代の神道の祭祀において神託を受け、神意を解釈して伝える者）でいらっしゃいます。その審神者の前で公開チャネリングをして、もし「章子さんは偽物を降ろしていますよ」とでも言われたら、私のチャネラー生命が終わるところだったということに気づいたんです。

長　それはないですよ（笑）。
　でも、そんなふうに最初から不思議な信頼感と安心感をもって、お互いの能力を活かしあうことができたのは、空海がつないでくれた大切な縁だからこそに違いないことはたしかでしょうね。

章子　その通りだと思います。だからこそ、私には今回の対談もすばらしいものになるという確信があるんです。

長　それなら僕にも納得できますね。

❖愛のベクトルをプラスに向ける

章子　今回の対談の一番大きいテーマは「愛」だということなのですが、さて、どのようなことからお話ししていきましょうか。

長　逃げるつもりは決してないのですが、愛というのは、どこまでいっても女性のものなんですね。男の愛なんてたかが知れているんです。

だから「愛」は本来、女性が語らなければならないものなのです。ただ、問題はそれを分かっていない女性があまりにも多いということです。それに気が付いてほしいという思いが大きいですね。

章子　それは分かるような気がします。

長　でも、それだと話が進まないので説明すると、「愛」というのは数学で言うところのスカラーで、方向性や指向性を持たない単なるエネルギーなんです。宇宙に遍満して宇宙を構成するエネルギーと言い換えた方が分かりやすいかもしれません。

章子　ご説明が、いきなり長さんらしいですね（笑）。肝心の女性にはチンプンカンプンかもしれません。

長　僕は理屈でしか説明できませんから、もう少し付き合ってくださいね（笑）。

「愛」は言うまでもなく絶対的に必要なエネルギーなのですが、問題はそのエネルギーをどの方向へ向けて使うか、数学で言うベクトルをど

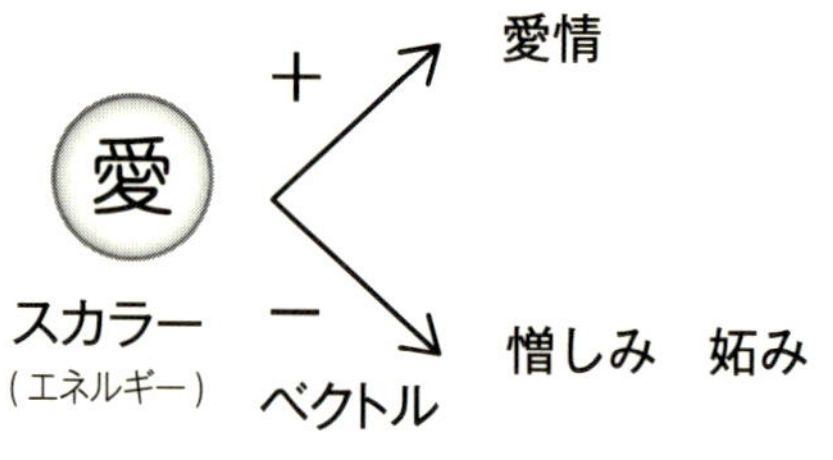

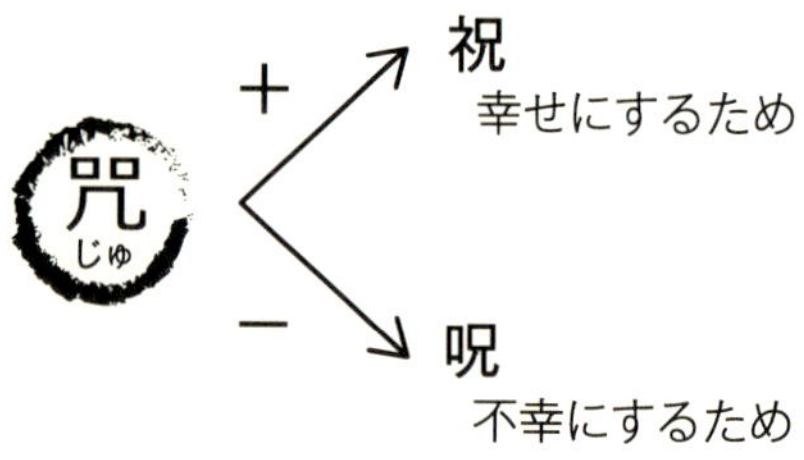

ちらに向けるかということです。プラス方向にベクトルを掛ければ愛情になりますし、マイナスの方向にベクトルを掛ければ憎しみや妬みになります。図にしてみると分かりやすいかもしれませんね。

章子　これはすごくよく分かります。愛情も妬みも愛のあらわれ方が違うだけだということですね。

長　そういうことです。

余談になりますが、加持祈祷で使われる「呪《じゅ》」というのも、「愛」と同様にスカラーです。「意識」と言い換えてもいいかもしれません。

これをプラス方向に働かせると「祈り」となり、人を幸せにするためのエネルギーとなります。逆にマイナス方向に働かせると、それは「呪い」となり、人を不幸にする原動力となってしまいます。

章子　「祝詞」と「呪詛」というふうに考えると分かりやすいでしょうか。この世は破壊と創造の繰り返しだと思いますが、その営みを調整し、うまくまわしていくためには、どちらのベクトルも必要なものなのだと感じます。まさに「意乗り」ですね。

長　「咒」の方については、その場の状況次第でエネルギーの方向性を使い分けていくような形になるので、僕のやっていることをシェアする時にあらためてご説明しますが、「愛」については、言うまでもなくベクトルをプラスの方向に向けていくことが大切になってきます。

章子　まず、自分の中から変えていくことですね。

長　そうなんです。それが生き方をより良い方向に変えることにつながると思います。
　人はみな生きていく中で自分なりのベクトル（方向性）を持っていると思うのですが、その方向性が必ずしも、その方にとって良いものであるという保証はありません。だから時々それをチェックして、もし違っていると感じた場合には、それを修正していく勇気を持つことが大切になります。そして、それを変えるということがどれほど大きなことなのかを、とにかく分かっていただきたいと思いますね。

　今のベクトルを変えると未来が変わる、これは分かると思うんですが、この図を見ていただくと分かると思うのですが、実は現在のベクトルが大きく変わると過去も変わってしまうんです。ですから、それさえ出来ればほとんどの場合は、わざわざ過去生などを見に行ってそれを浄化するなどということをしなくても、自分も、さらには地球も幸せになっていきます。

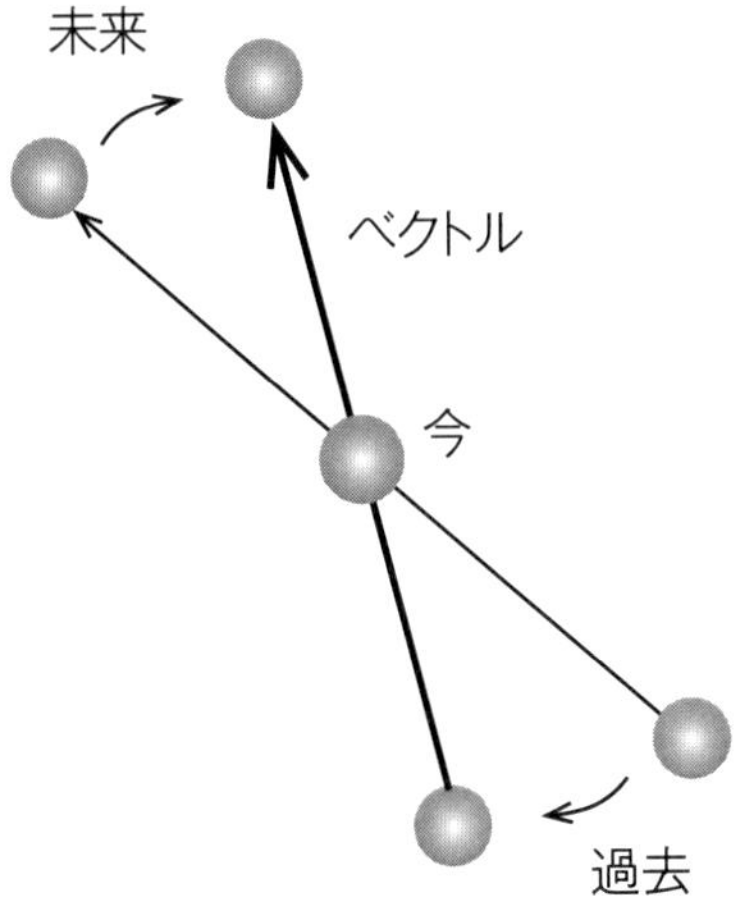

今ベクトルを変えると
未来だけではなく過去も変わる

章子　スピリチュアルの世界でお仕事をさせていただいていて気になるのは、自分の人生が思い通りにいかない、愛とか幸せが感じられないというところから目をそらして過去生などを気にしたり、スピリチュアルの非現実的な美しいところに逃げ込んでいる人が少なくないように感じられることです。

長　そうですよね。よく悲惨な家庭で育ったから、自分は愛なんて持ち合わせていない、あるいは解らないという人がいますが、愛は誰もが当たり前に持っているものであり、どんなに不幸な人であっても持っていない人は存在しません。では何故そんなふうに思うかというと、ベクトルのかけ方が解らないからです。

愛はスカラーなので持っているだけでは方向性がなく、その状態では表れてこないものなのです。プラスのベクトルが働くと愛情、マイナスのベクトルだと憎しみというふうに、方向性が出てきてはじめて愛が目に見える形で表れてきます。

人を好きになったときなどにベクトルがマイナスからプラスに一気に変わることで、深みのある愛情が表れたりすることもありますね。

章子　最近ストーカーのような、常軌を逸したというか、愛情を押しつけて相手を傷つけてしまうような事態が多くなっているのも、きっと愛のベクトルのかけ方が分からないからなのでしょうね。
　きちんと現実に向き合う生活の中で、自然に愛をプラスに表す方法を身に付けていくのが、幸せへのいちばんの近道のように思えます。おそらく今回のお話の中にも出てくるとおり、必要があれば過去生の話などに触れることもあるのでしょうが、それはわざわざ追い求めるのではなくて、ベクトルをプラスに変えていくことで必要に応じてそういうチャンスが巡ってくるということだろうと思います。

❖新しい地球の創造のために

章子　ひとつお伺いしたいのが、表舞台に立つことのない裏高野というお立場から、今こうして、苦手だというのに「愛」についてお伝えくださっていることも含めて、長さんが表に出てこられたのには、どういった理由があるのでしょうか?

長　表に出るつもりのなかった僕を最初に表に引っ張り出したのは、中矢伸一先生です。

２０１３年に中矢先生が主催なさっている「日本弥栄の会」で、いきなり３００人の前で講演することを頼まれたのがきっかけで、それ以降あちこちからお声がかかるようになりました。

『日月神示』のイメージが強い中矢先生ですが、現実世界のことにもスピリチュアルなことにも精通されていて、しかもそれらをバランスよく大切にされている、信頼できる方です。いわゆる「裏」であったり「闇社会」、それから歴史の真相といった話題は、今回の対談の主題とはちょっと違うのであまり触れないと思いますが、月刊誌『玉響《たまゆら》』に記事を掲載いただく時などはお話しできるギリギリまで語らせていただいているので、関心のある方にはぜひお読みいただけたらと思います。

章子　そういった情報は皆さんものすごく知りたいことだと思いますが、なかなか信頼できる情報源というのは見つけにくいので、『玉響』のような存在は貴重ですね。

中矢先生のお声がけをきっかけに表に出られてから、長さんの中で何か変化してきたことはありますか？

長　僕はこの世界に入ってからもう50年近く経っているのですが、今でも基本的な立ち位置は変わっておらず「路傍の石」でしかありません。道ばたに転がっている石、つまり主流に入らず、端で全体を眺めている存在ですね。

主流というのは、章子さんをはじめとする新しい時代を創る先駆けたらんと奮闘している人たちのことです。ただ、先頭を走っているとどうしても周りが見えなくなることがある。そんなときにアドバイスができればというのが僕の立場ですね。

章子　実はどちらかというと、私もこれから出てくる主流の人たちの助けになれば、という思いでやっているのですが、長さんからのアドバイスは本当に貴重でありがたいものばかりです。

長　表に出てきた理由というのは、実際に出会う人たちだけにアドバイスしているのではもう間に合わないというフェーズに入ってきてしまったからです。今までも多くの人の質問に答えたり、基礎学習的な話はしてきたのですが、今後はそれだけではダメなんですね。

今この地球上に生きている人間は、みんな同じ存在のように見えますが、実は10代、20代、30代、40代……、それぞれにまったく人間の質が違うんです。何でもわかっている人たちがどんどん生まれてきている。あと30年もして今の若い子どもたちが世の中の主流になったら、わざわざスピリチュアルを語ることなんてなくなるでしょうね。

章子　それが当たり前になるからですね。そして、その子どもたちが新しい地球を創っていくと思うと、ワクワクしますね。

長　でも、その子どもたちが彼らしく生きられるかどうかは、その親にかかっています。

だから、子どもたちの教育以前に、親、特にお母さん方にしっかり学んでもらって、子どもたちが育っていきやすい環境をつくらないと、子どもたちが新しい地球を創っていこうにも地球自体が壊れてしまいかねないということなのです。

章子　実は私もそのことと通じるようなお話を、講演などでさせていただいています。

今の日本には大きく分類すると、だいたい65歳よりも上の戦後昭和世代、1960年代生まれの人たちが中心でイメージ的には40〜50代後半の真ん中の世代、そしてそれ以降に生まれてきている新しい世代の3世代が同時に住んでいると言えると思います。

長　僕は戦後昭和世代ですね（笑）。

章子　長さんは視点が高いので、どこにも入らない気がします（笑）。
私は真ん中の世代なのですが、この世代のことを経営コンサルタントの神田昌典さんは「捨て石の世代」と呼んでいるのだそうです。この世代の人たちは、順応性がとても高くて、黒電話からスマホまで全部対応できるんですね。つまり、柔軟性を持っていて時代の変化に対応することができる。
一方の65歳よりも上の人たちというのはいわゆる戦後昭和世代で、物質的に豊かな時代を謳歌してきた人たちです。柔軟性とは無縁のガチガチになっている人が多いのですが、日本の物質的な繁栄はこの人たちの頑張りのおかげでもたらされたと言っても過言ではないでしょう。もちろん、原発をはじめとする負の遺産も多く作ってしまったのだけれど、それでも今の日本の繁栄は確実に、この世代の人たちによって作られたのですよね。

長　そして、新しい世代の人たちというのが、さらに新しい常識を創って、新しい時代を創造していくということですね。

章子　そうなんです。私のクライアントの中心層は、私と同じ「捨て石の世代」の人たちなのですが、その方たちにいつも声を大にしてお伝えするのは、私たちがやるべきことは、この次世代が思いきって活躍できるようなステージを作ることなんだよということです。

次世代がやろうとすることというのは、戦後昭和世代の人にはまったく分からないことがほとんどで、それゆえどうしても文句を言って潰そうとしてくるんですよ。

長　悪意があるんじゃなくて、分からないんですよね。日本語が通じないというか。

章子　悪意がないから始末に悪いんですけれどね（笑）。でも、捨て石の世代が言うことなら、理解できるから聞く耳を持ってくれるんです。だから、「まあまあ、気持ちは分かりますがそうおっしゃらずに、若い彼らを支援してあげましょうよ」「1年間だけやらせてあげてみましょうよ」というふうに、間に入って説得することができるんです。

私たちの世代が変わっていくことが大切であることはたしかなのですが、華々しく新しい時代を創っていくのは、私たちではなくて次の世代の人たちだと思うんです。だから、いかに彼らが活動しやすい世の中を創るかということを考えましょうということを伝えていきたいと思っています。

長　そういう意味で「捨て石」なわけですね。

章子　どんな課題に関しても、次世代から新しい方法論やアイデアがたくさん出てくると思うんです。

だから、それを心配するよりも、彼らを虐げることなくきちんと育てていくことが、地球の未来にとって一番重要なことだと思うんです。

長　そうですね。それと同時に、戦後昭和世代側の人たちに、人は死んだら終わりではないということをきちんと知ってもらって、徳を積んで天に帰ろうよというふうに変わってもらうことも、次世代の人たちに楽しく新しい地球を創っていってもらうために出来ることではありますね。

章子　どの世代もそれぞれの生まれてきた目的を果たせることが、一番の幸せであり、それを見つけるお手伝いができたらいいなと思いますね。

❖大地震の可能性と磁極の大きな移動

章子　新しい時代、新しい地球を創っていくにあたって、今のままではそれが難しいフェーズに入っているということなのですが、それはやはり天変地異の増大も関係しているのでしょうか。

長　もちろん、関係あります。

章子　やはりそうですか。私はこの天変地異については その心構えについて、少し思うところがあるんです。

先ほど言った、それぞれの生まれてきた目的を果たすというのは、本当の意味で自分らしく生きるということ、そして、それはすなわち自分を愛で満たしてベクトルをプラスの方向に向けて生きていくことだと思います。ただ、この「自分らしく」というところを取り違えて「自分だけ」というふうになってしまっている人が多いように感じるんです。

長　たしかに、そうですね。

章子　阪神淡路大震災以降少しずつ天災が増えてきて、東日本大震災からは本当に異常事態と言っていいほど頻発していますが、被害に遭っていない地域の人たちはどこか「自分だけ」は大丈夫ということで、他人事な人が多いように思います。

私は大阪を拠点にお仕事をさせていただいていますが、大阪では特にそれが顕著なのではないかと、うすうす感じていました。昨年（2018年）の6月に大阪北部地震が起きましたが、それまでは同じ日本で起こっている大災害に対しても、大阪ではわれ関せずという風潮があるように感じられたんです。

私は毎月東京に出張しているので、関東の方々が心の奥底に「いつ大地震が来てもおかしくない」という危機感を持っているのを感じます。東海地区の方々もそうです。でも、大阪にはそれがない。大阪人は良くも悪くも楽観的なのかもしれません。だから大阪で地震が起きた時、神様から「お前たち、いい加減にしろ！」と鋭いお叱りを受けたように思いました。

長　それは地域に関係なく、多くの人が自らを省みる必要のあることだと思いますね。

そのためにも天災についてお話ししておくと、まず地震に関しては遠からずして必ずあります。一度で終わりではありませんし、全国どこで起こってもおかしくないと思っていただいて差し支えありません。それから、やはり問題になるのは原発です。

仕組みや予測について詳しくお話しすると、自分の地域は大丈夫かどうかというような章子さんがおっしゃっているとおりの展開になってしまいかねないので、あえてせずにおきますね。ただ、正直言ってこれから20年くらいは、どこで何が起きるかわからない状況であるということだけは間違いありませんから、心構えを含めた必要な備えをするようにはしていただきたいと思います。

章子　大阪の地震が発生した後にカセットコンロを買うために並んでいる人たちを見た東京の人が「いま頃そんなことをしているんですか！」と驚いていました。

長　東京の話だけしておくと、とにかく埋立地が多いんですよね。埋立地というのはコンニャクのような地盤になっていて、そこに高層ビルや大型建築が建っているわけです。

地震の際はそのコンニャクが大きく揺れるため、耐震構造のしっかりした都心部の大型建築物であっても、基礎にどんな影響があるのか分かりません。コンニャクに刺さるかたちになっている、根元の杭が折れてしまうかもしれないということが懸念されます。

でも、そんなことは地球規模で考えれば大きな変化の中のひとつに過ぎず、それらの原因とも考えられる最も大きな変化は、やはり地球の磁極の大きな移動ということになります。

章子　ポールシフトですか。

長　そのとおりです。ポールシフトというのは、地球における既存のN極とS極が消滅し、新しい場所に新たなN極とS極ができる現象をいい、地球の自転軸に合わせて地表と共に移動する現象をいいます。

今も巨大地震が起こるなどする度に、たとえば数センチ単位ではありますが地表の移動は起きています。でも、もしポールシフトが起こって磁極が大きく移動するようなことになるとどんなことが起こるのかということは、シベリアの永久凍土で見つかった冷凍マンモスを見れば分かります。

このマンモスを解剖したところ、胃の内容物として南国のフルーツが出てきたのです。これは、マンモスがフルーツを食べてから1時間以内に凍らないと発生しない状態です。つまり、マンモスは南国のフルーツが実るような気候の場所から突然凍り付くような地域に移動したことになり、これがポールシフトによって起こり得る急激で大きな地表の移動現象ということになるのです。

そして、実はこれと同じことがこれから100年以内に地球上で起こる可能性が、きわめて高いのです。

章子　被害がどうとか、心構えがなんとか、そんなことを言っていられる状況ではないですね。

長　過去データではポールシフトが起これば、地球上の生物の9割は死んでしまうと言われていますからね。

実はいま、ポールシフトの一環であるとは思うのですが、地球の極の4極化が進んでいて、10年ぐらい前にはすでに新しいN極が南大西洋上にできあがっています。これはNASAが確認していることなので間違いないと思うのですが、そのN極の対となるS極がまだできあがっていないため、新しくできるであろうS極の影響で既存のN極が迷走している状態が続いています。今の想定では、琵琶湖あたりに新しいS極ができる可能性もあるようなのですが、どうなるのかハッキリしたことは分かっていません。

そして、それとは別に、今のS・N極が残った状態で新たにS・N極が追加されて4極になると、歳差運動が起きてこれまでとまったく別の動きをする可能性が大きくなります。たとえば冬のない世界が生まれたりなどといったことが考えられるのですが、具体的にどういう状態になるのかは、どうもまだ誰にも分からないようです。

❖天変地異を回避する方法

長　ただ、地震はもちろんのこと、ポールシフトの一環で大きな大陸の移動なんて起きてしまったら、もうどうしようもないと思われるでしょうが、それはちょっと違います。

章子　なにか回避方法があるということですか？

長　実は、この動きは人の「想い」で変えることができる可能性があるのです。

驚かれるかもしれませんが、実はこれまでも私たちは自分たちの力で地震を消したりしてきているんです。

人の体を動かしているのは、「想い」、言いかえれば「気」というエネルギーです。では、このエネルギーはどうやって出来るのかというと、人間は食べ物を食べてその栄養を吸収し、細胞内で化学変化を起こして電気と熱を発生させます。それを脳がコントロールして、神経という電線を使って体の各所に電気を送っているから人体が動くのです。言い方を変えれば、人間は電気仕掛けのロボットと代わりはなく、心臓を動かしている微弱電流の量はおおよそ４／１０００アンペア（電流：電気の流れる量）だといわれています。

熱いものを触って指先などに熱さを感じるときというのは、実は熱さを感じているのではなくて痛み、つまり電気刺激を感じているんです。この時の電流が７／１０００アンペアくらいで、人体にそれ以上の電流が流れるといわゆる感電した状態になります。

このように、常に人間の体には微弱電流が流れているので、必然的に微弱ではありますが、電磁波を発生させているのです。

章子　人間の体には常に電気と熱が起きていて、この電気が流れることでできる電磁波が意識、想念、あるいは気と呼ばれるものだということですね。

長　そうです。余談になりますが、ここで言う熱というのは体温のことで、人間の体温は36・5度〜36・9度がベストと言われていますが、それは効率よく電気が作られている証拠だからです。

話を戻すと、地震のエネルギーは電磁波、人の想念も電磁波、大きさは違いますが同種のものだということなんですね。だから、地震予知の情報が流れたときに、そこに「起こってほしくない」という想いや「起こりませんように」という祈りが集中すると、地震のエネルギーが拡散されて結果的に自分たちのエネルギーで消してしまうということは可能なことであり、実際に何度も起こってきていることなのです。

章子　ということは、その予知がなかったら地震は起こっていたかもしれないということですよね。

長　本物の能力者の予知というのは、それを的中させるためのものではありません。人々への注意喚起の意味もありますが、最大の目標は災害を回避することなのです。

多くの人の想念が結集されたとき、そのエネルギーはとても大きなものになります。そのエネルギーを使って災害を回避するために予知情報を発信しているのだと思うのですが、せっかく目標を達成しても、「何も起こらなかったじゃないか！」「恐怖を煽るなんてひどい！」となってしまうことも多いですね……。

章子　私たちがどういう電磁波、つまり想念を出すかによって、地震の大きさも変わってくるということですね。

予知の目的を知って、情報を見聞きした時には、自分だけが助かろうとするのではなくて、ともに危機回避を祈るということが大切ですね。

長　そのとおりです。一人ひとりの電磁波、想念は大したものでなくても、寄せ集めると猛烈なエネルギーになります。

ちょっと怖い話になりますが、人を呪い殺すのなんていうのも実は簡単なことなんですよ。人間の心臓を動かしている電気の量を先ほどお話しした4／10000アンペアだとして、それを打ち消す方向に4／10000アンペア以上の微弱電流、つまり想念を流しさえすれば、心臓を止めることができるわけですから。

章子　昔から行われてきた呪詛などは、そういうことをしていたということですね。でも、それは逆に人を生かす方向にも使えるということですよね。

長　そのとおりです。それこそ、大本は同じ愛であっても、それを恨みを晴らすために使うのか、それとも人助けのために使うのか、すべてはベクトルをどちらに向けるのかということにかかってきます。

章子　そう言えば、今はＳＮＳなどが活発に使われるようになって簡単にインターネット上で発言しやすくなっていますよね。インターネットはまさに長さんのおっしゃる電波、電気信号なので、使い方に気を付けないと諸刃の剣になると思います。

恨みつらみや、怒り、正義感を振りかざす攻撃的に人を叩くような文章を安易に書き連ねて拡散する人がかなり多いですが、一度書き込んだら消えないものですし、集団ともなればそれほど大きなエネルギーになるということを忘れないようにしないと、取り返しがつかなくなりますね。

長　自分の想念というものが、人の生き死にを左右することはもちろん、天変地異を左右するほどのエネルギーであることを認識しておくことが大切です。そして、それは必ず自分にも返ってくることも覚えておくべきでしょうね。

そして、万一インターネットなどでマイナスの想念を向けられたことに気づいてしまった場合には徹底して取り合わないことですね。僕なんて、すでに相当向けられているみたいですが(笑)。

章子　これは現実的なもめ事があった時も同じだと思うのですが、それに向き合ってしまうと時間的にも経済的にも、もちろん感情的にもお互いに大きな損失を被ってしまうことになりますよね。同じ土俵に立たないことですね。

❖人として生きていくための極意

長　集団で攻撃的に人を叩くという話になると、それは今だから起こっていることだと言えます。今というのは、「平成」といった括りではなくて、経済の成長が止まってしまってからのことです。

身も蓋《ふた》もない言い方になりますが、給料が順調に上がっていれば、会ったこともない人を叩くことなどしないものです。テレビ局、新聞社にギャーギャー文句を言ったり、インターネットに匿名で罵詈雑言を書き込んでいる人というのは、余裕のない低所得層の人ではなくて、実はそのほとんどが中所得層の人たちなんです。

将来の成長が見込めないから、活躍の場を仮想的なところに求めて、正義の味方をやろうとするんです。成長が始まって生活が充実してくれば自然となくなります。

章子　それはすごく腑に落ちますね。でも、それだと日本の経済を良くしないとどうにもならないですよね。

長　そうですね。なぜここまで日本の景気が上向いてこないかというと、やっぱりそれはアメリカに従属しているというのが一番の原因になります。
　このことについてほんの少しお話しすると、たとえば2018年6月に米朝首脳会談がシンガポールで行われたとき、取材に訪れた世界中の記者たちのためにとても行き届いた世界中の食事が用意されました。ところが、そこには日本食がなかったというんです。

章子　えっ！　それは驚きですね。日本食は世界でとても注目されているし、人気もあるはずなのに、なぜでしょう。

長　それは日本が独立したひとつの国として見られていないからです。多くの国が日本に対して持っているのは、アメリカのひとつの州というイメージでしかないそうです。
　なぜなら、世界的な視点で見た時に、自国を守れることが国としての絶対条件なんです。その基準に従えば、アメリカに守ってもらっている日本は国とは言えない。日本が安保理（国際連合安全保障理事会）の常任理事国になることができないのは、アメリカの票を増やすことになるだけだからなんですね。

厳しいことですが、この現実はしっかりと受け止めておかなければならないことです。

章子 スピリチュアルな世界では、日本は世界のひな形などとよく言われているのに……。

長 それも決して間違いないのですが、これもまた現実です。

ただ、そこで悲観的になってしまっては本末転倒で、今回のお話の中に出てくることをしっかり自分事と捉えて、生き方のベクトルをプラスの方向へ変える方が増えれば、必ず日本という国がしっかりと立ち上がり経済も潤ってきます。

章子 経済が潤ってくることの大切さは、カードリーディングという手法でのコンサルやヒーラーを生業にしている身として、痛切に感じます。

私自身も含めて、生き方のベクトルをプラスの方向へ変えて所得を増やし、さらにプラスの方向となる使い方をしていくというような好循環をつくっていくことがとても大切ですね。

長　たとえば、ここにパンが1個あって自分も相手も飢えていた。そんな時は相手に差し上げなさいというのがキリスト教の教えですよね？

ところが、人間だって動物だから食べないと死んでしまうわけです。そして、食べないと死ぬと思った時には、大きな罪悪感を伴うかもしれないけれど、それでも奪って食べてしまうのが人間というものなんです。

では、どうすれば相手にそのパンをあげられるのかと言うと、今は飢えているけれど、このパンを食べなくても死なないという確信が持てた時にあげることができる。そのために必要なのが、自分が潤っていることです。自分が潤っていないと人のために云々などと考えることはできません。心が貧しい状態では、良い形でお金を使うことはできないのです。

章子　先ほどのベクトルのお話で考えると、パンを食べなくても死なないという確信が持てる時というのは、自分が愛で満たされていることに気づく時ということになりますね。

そして、それに気づくことができれば、「与えましょう」というふうに愛が放出される、これがプラス方向。そして、逆に枯渇していると感じてしまうと「足りない。欲しい」というふうに愛を求めることになって、こちらはマイナス方向という感じでしょうか。

長　そのとおりです。そう考えていくと、お金をいくらたくさん持っていても、心が貧しい人というのが本当にたくさんいるんですよね。それから、先ほど話に出てきた中所得者層の人たちにしても、世界的に見れば決してお金がないとは言えません。でも、決定的に心が貧しくなってしまっている方が多いように思えるんです。

それは今の社会の問題とも言えますが、一人ずつから変えていけることであり、変えていかなければならないことだと思いますね。

章子　長さんのおっしゃっていることは、人として生きていくため、本当の意味での仕事をしていくための極意だと思います。

私は22年ほどスピリチュアル業界でお仕事させていただいていますが、お仕事をすることで修行を重ねさせてもらって、ある時点からはじめて、人のためにお仕事をさせていただけるようになったと思います。

長　章子さんの中でベクトルが変わったのですね。

章子　そこで自分の軸ができて、自分という存在を愛に満ちたものとして認められたということだろうと思います。それによってはじめて、ベクトルの方向を変えられたのでしょうね。

カードセッションをさせていただく中でよく感じるのは、自分の軸がない方がとても多いということです。自分の軸がなくてはベクトルを変えること自体ができないと思うんですね。

では、なぜこんなことになっているのかというと、それはひとえに現代の教育の影響だと思います。

江戸時代には寺子屋があって論語を始めとする四書五経を読むなどして、幼い頃からしっかりと人として生きていくための極意、真理を教えられて人格形成がなされてきたのですが、今は親からも学校からも、いかに生きるべきかというようなことがまったく教えられていません。

長　戦後のＧＨＱ主導による教育の影響ですね。

章子　私自身も自分がどこに向かって、どう生きればいいのかを知りたくて、ＯＬ時代にスピリチュアルと出会ってからはずいぶんお金もつぎ込んで勉強してきました。また、ヒーラーを始めてからも、しばらくは未熟であるうえに自分自身も満たされない、欠乏感のある状態だったように思います。

セッションをしていると、そんなかつての自分とそっくりな人が未だにたくさんいらっしゃるんです。自分の人生の選択を外に求めたり、誰かに任せてしまって、それに振り回されている人が本当に多い気がします。

長　章子さんや僕のような仕事をする人の役割というのは、あくまでも意識づけをすることと、道筋をつけることであって、その道を実際に歩むのはセッションを受けたその人ご自身の判断になります。

どういうふうに進んでいけばいいのかということを確認したい時に、客観視できる人、分かる人にアドバイスを求めるのは有効なことですが、人生を丸ごと全部任せていれば大丈夫だと思っている人は、良くなりようがありません。意識を現実化していくかどうかは、その方次第だということですね。

章子　誰かに任せておけば大丈夫というのは、一番肝心な部分、ご自身の人生を放棄していることになってしまいますよね。

長　依存症になってしまうんですね。誰かのアドバイス通りに動いていると、一見するときちんと行動できているように見えるのですが、その人がいなくなってしまうとたちまち何も出来なくなってしまいます。

章子　私がミッション・ナビゲーターと名乗っているのは、まさにそうならないためです。私は相談者の前を走って先導するのではなく、横を伴走する存在でありたいと思っています。

車のナビと同じで、進む道の指針にはなるのだけれど、絶対にそのとおりに行かなければならないというわけではありません。もし、進みたい進路が別にあれば、ドライバーの意志でそちらを選んでもいい。あくまでも自分の意志を大切にしてほしいという意味もこめています。そして、それこそが愛にあふれた自分らしい生き方をするうえで、一番大切なことだと思うのです。

長　ここからしていく多岐にわたるお話が、そんな皆さんの意識づけになって、新しい時代を創出できるような自分の軸を創っていくきっかけとなればいいですね。

章子　そうですね。いったんアイデンティティーを失ったということは、とても厳しいことだけれども、ひっくり返せば、与えられるものではなく自ら自分の軸を創っていく大きなチャンスにすることができるのではないかとも思えます。

長　そのとおりです。あらためて、ここで何を知っていただきたいかというと、すべての人はもともと愛にあふれた存在であり、大きな力を持っているということです。そして、それを発揮していくことがすなわち新しい時代を創ることになるのです。

章子　愛あふれる時代を、私たち一人ひとりの力で創っていくことができるということですね。

しっかりとそのビジョンへとベクトルを向けて、お話を進めていきましょう。

第2章

女性性の時代への道

❖男性は馬、女性は騎手

長　ここまでお話ししてきたことすべてについて、僕はまず先んじて女性の皆さんに分かっていただきたいと思っています。

章子　それは、これから女性性の時代が始まる、女性性の社会になるとよく言われることと関連があるのでしょうか？

長　そのとおりです。本当の意味での女性性の時代をスタートさせるためには、まず女性が愛あふれる存在へと目覚め、変わっていくことが必要不可欠です。でも、肝心の女性たちはそのことにまったく気づいていないか、気づいているとしても正しく理解し体現しているとはとても言えない状況なんです。

章子　たしかに、その通りだと思います。

長　これは国でも個人でも同じなのですが、女性性の社会というのは、女性がトップに立って引っ張っていくという形を指しているのでは決してありません。
たとえるならば馬と騎手の関係性なんです。馬が男性で騎手が女性。馬は気分よく自分の意思で走っていると思っているが、実は上手に操られているという状態がいちばん良い状態です。ところが騎手が賢くなければ、馬に言うこと聞かせようとして無理に手綱を絞ってしまうのです。そうすると当然ロデオ状態になって、結果として騎手は振り落とされてしまいます。

章子　男性の働きは女性の手綱さばき次第ということですね。

長　そうなんです。ちょっと想像していただきたいのですが、馬の頭は騎手よりも前に位置していますよね。だから馬は自分の意思で走っていると思い込むのです。でもその実、馬の頭の方向を決めているのは騎手なんですね。
そしてこれは、詳しくは後ほど説明しますが、日本（女性性）と世界（男性性）の関係にも当てはまります。つまり、日本は表立って世界のトップに立つ必要はないというか、立ってはいけないのです。うまく寄り添って、エスコートのされ方を上手に相手に伝え、最も力が発揮できる形に誘導していくことが大切です。
これからは女性性の時代となりますから、ミクロにもマクロにも、いかに女性が賢くなるかで未来が大きく変わってきます。

❖欧米での女性の地位は奴隷以下だった

章子　日本と女性を同じような構造で考えることができるというのは、とてもしっくりきます。でも、今は思いっきり馬の前を走ろうとする男勝りの女性もけっこうたくさんいますよね。

長　これまでは男性性の社会だったので、女性が認められよう、優位に立とうと考えると男性的に振る舞うしかなかったんですね。でも、それでは勝負になってしまって、そうなれば男性の方が勝つに決まっていますから、これは時代に関係なく無理があると言わざるを得ません。
男性性の時代に生きた日本の頭の良い女性たちは、騎手にはなりませんでしたが、杭につないで拘束するのではなく、柵をつくってその柵のなかで男性を自由にさせてきました。

章子 柵をつくるというと、「この国を守ってください」とお願いした戦国武将の妻たちが思い浮かびますね。国として考えると鎖国でしょうか。

長 そういうことになりますね。明治維新前の日本は、男性性の社会の中でも女性性を大切にすることに比較的成功してきましたからね。
対して欧米での女性の地位は長い間奴隷以下でした。「レディーファースト」という言葉は中世ヨーロッパで男性が自分の身を守るために女性を先に歩かせ盾にしたというのが起源です。また、男性が車道側、女性は歩道側を歩くというのも、彼女たちの安全のためではなく、パリには下水がないために窓から汚物を放り投げる習慣があり、自分にかからないようにするためだったのです。

章子　私たちが知っているレディーファーストと真逆でビックリです。パリの街中で、汚物がかからないように日傘、踏まないようにハイヒールが使われるようになったという話を聞いたことがあるのですが、そういえば男性のためのものはないですよね。

長　アメリカでの女性たちの扱いもとてもひどいものでした。南北戦争でなぜ北軍が奴隷解放をしようとしたかというと、イギリスでの産業革命以降、奴隷を奴隷として使役し続けるよりも、解放して労働者あるいは消費者として活動させる方が、経済が発展するという理由からでした（詳しくは『嘘だらけの日米近現代史』（倉山満著・扶桑社新書刊）等を参照ください）。

結果、北軍が勝って奴隷が解放され市民権を与えられたのですが、その当時女性には市民権がなかったんです。アメリカの男性にとって女性はペットのようなもので、ペットに市民権はいらないという考えでした。でも、奴隷以下にするのはさすがにまずいということで大揉めに揉めたそうですが、それを誤魔化して女性に市民権を与えたのがアメリカ建国の父と呼ばれたリンカーンで、そのためリンカーンは史上最大のペテン師とも呼ばれているんですね。

章子　私たちの持っているアメリカのイメージとはまったく違う一面ですね。

❖おおらかだった日本社会

章子　対して、明治維新前の日本は、男性性の社会の中でも女性性を大切にすることに比較的成功してきたということでしたから、本当のところは男尊女卑ではなかったのですよね。

長　明治維新前の日本社会の特徴は、先ほど章子さんのおっしゃった戦国時代の国々や鎖国した後の幕藩体制などの管理社会をうまく作って運営していたという点にあります。そして、その管理された社会の中で活躍する男性から三歩下がって慎ましくついていくのが男性社会で求められる理想の女性像だったんですね。

章子　三歩後ろを歩くことで、男性に守ってもらっていたという側面もあったのですよね。

長　ただ、この時の女性の視線は先を行く男性の足元だったわけですが、これが女性性の時代になるとどう変わるかというと、視線が上がるんです。そうすると、旦那さんが通りすがりのお姉さんに色目を使っていたりしてもすぐに分かるので、「あなた、何やってるのよっ！」と言えるんですね（笑）。

章子　昔なら耐え忍んでいたのが、その必要がなくなるということですね。

長　ところがそれは表向きで、実はみんながみんな耐え忍んでいたわけではないのですよ。時代劇などの影響で、江戸時代によく発行された三行半《みくだりはん》のことを離婚届だと思っている人が意外に多いように思うんですが、三行半というのは再婚許可証なんです。

その頃不義密通は死刑になる重罪だったのですが、三行半を持っていれば、不貞を働いたとしても免れることができました。だから、三行半を取らずに結婚する女はバカだと言われて、三行半の乱発が起きてしまったんです。

縁切寺という徳川直轄の家庭裁判所のようなものは全国に2カ所（鎌倉の東慶寺、群馬県の満徳寺）しかなかったのですが、2カ所で足りていたのは夫婦円満だったからではなくて、三行半があったからです。

それでも2カ所のお寺が遠いうえに、三行半の乱発が続いたので、三行半の使用は一人5回までに制限されました。

章子　それでも、5回まではOKなんですね（笑）。

長　いえいえ、5回どころか、北町奉行と南町奉行で交互に使うと10回までいけました。

江戸時代はとにかく離婚率が高かったんです。田舎の農家の女性は、そんな余裕はないのでほとんど離婚はしなかったのですが、大阪や江戸などの都市部では平均すると3割から4割が離婚しているような状況だったというから驚きです。

章子　今は離婚する人がどんどん増えていると言いますが、当時に比べたら大したことないですね。

そう考えると、最近やたらと不倫騒動が取りざたされたりしますが、もう少し寛容というか、おおらかであってもいいようにも思えてきます。

長　それは管理社会の構造が変わって、アメリカの一夫一婦制が浸透してきたからです。昭和の時代にはお妾《めかけ》さんという言葉があったくらいだし、浮気は男の甲斐性なんて平気で言う人もいて、女性もそんな困った人もいるよねという感じで認めているようなところがあったように思います。

章子　そういえば、すごく叩かれるようになったのは、平成に入ってからですね。昭和の大スターや大物政治家なんて隠し子がいても驚かないという感じでした。

❖女性経営者は男装の麗人に

章子　今すこし思ったのですが、先ほど長さんは男性が馬で女性が騎手ということをおっしゃっていましたが、女性が賢く手綱さばきをするというのは、つまり愛のベクトルをプラスに向けるということでしょうか。

長　そうそう。これからの女性性の社会では、馬が男性で騎手が女性というふうに立ち位置を変えていく必要があるわけですが、馬は人間よりも馬力、エネルギーが強いので増幅されるんですね。

　騎手である女性が愛に飢えている、ベクトルがマイナスを向いていると男性は大きくマイナス方向に走ってしまうか、あるいは「乗せてやっている」というような尊大な態度になって言うことを聞かなかったり、場合によっては騎手を振り落として逃げてしまったりということになります。

章子　だから、まず女性が愛あふれる存在になることが大切なのですね。

長　そのとおりです。女性が愛にあふれていれば、自然に男性も愛に満ちたプラス方向の動きになってきます。

もうひとつ良いことを言うと、騎手を乗せていることを忘れて、まるで自分の心からの思いであるような気分で楽しく走り出してしまうんですよ。実は手綱を上手にさばかれているのに気が付かないという、男というのはバカな生き物なんですよね（笑）。

章子　分かります……と言ってしまっていいものか悩みますね（笑）。

ただ、大切なポイントだと思うのですが、女性性の時代になっても、実行していくのは男性が中心であるということに変わりはないということですね。

長　役割分担ですからね。実際に物事を始めたり、具現化するのは男性性の役割ということです。

先ほどの話を逆から見ると、騎手は女王様のようにわがままな振る舞いをして馬を苦しめたり、偉そうに指図をするのではなく、あくまでも馬を主役にして、でも実は隠れた操縦者、実力者になるというイメージなんです。

章子　なんだか、女性のふるまいのコツを伝授された気分です。
ただ、ひとつ気になるのは、私自身も含めて女性が仕事をする時にはどういったことを心がければよいのかということです。もっと言えば、今は女性の中にも起業したいという人がとても増えていて、私のクライアントにもとても多いのですが、そのような場合はどう考えたらいいでしょうか。

長　経営はまさに物事を具現化していくことの連続作業ですから、男性性がとても大切になります。逆に経営の中に女性性を持ち込むような人がトップになるとうまくいかなくなります。
それでも、経営は出来ないのかというと、そんなことは決してありません。男性ほどではないにしても、女性の中にも男性性はありますからね。だから、その男性性を出していくことで経営はできるのですが、その時の出し方がポイントなんです。男性そのものになろうとしてしまうのではなくて、「男装の麗人」を目指すのがいいんです。

章子　「ベルサイユのばら」のオスカルみたいな？

長　それです。「ついていらっしゃい」というような、かっこいい姉御肌のようなものがないと経営は難しいですからね。

章子　……がんばります！

起業したいんだけれど、そういう男性性が出せない人は、経営者・リーダー・トップといったものとは違った役割があるということでしょうね。

長　そういう時には旦那さんや子どもを社長にすればいいんです。そして、自分は経営権、実権を握ったナンバー2になる。

どういうことかというと、トップに立つ人は決断しないといけないんですが、これは男性性なんですね。でも、ナンバー2ということにしておけば、何か決断を迫られたときに「申し訳ございません。社長に相談してお返事させていただきます」というように一旦持ち帰ることができ、即断即決しなくてよくなります。自分はトップではないんですよということで、余裕を持って対応ができるようになるのです。

女性性が強い人にとっては、一人でやっていくにしても旦那さんや子どもを社長にしておくだけで、動くのがとても楽になると思います。

章子　大きく時代が変化しはじめていて、女性性の時代になっていくと言われるわけですが、生き方とか経営の学びの場というのは、ほとんど男性がけん引されていますよね。女性はどうしても論理性に欠けがちで、たとえば音楽や踊りのようなアーティストとして表現される方が多くなっていると思うんです。

それもすばらしいことなのですが、女性の経営者の方もいらっしゃるし、アーティストの方もお仕事としてされるのであれば経営的なことも考えなければならず、そこで壁にぶち当たっている人がとても多いのが現状でしょう。それを解決するには肩ひじを張って無理やり男性的になろうとするのではなくて、自分の中にある男性性を上手に発露させる、または男性性を持った人に補ってもらうという手段があるというのは、大きな救いであり、可能性でもあると感じます。

いずれにしても余裕を持って物事を柔軟に捉えること、しなやかに賢くあることの大切さを感じますね。

長　そういったことを感じられる章子さんは、自身のなかにある男性性を上手に引き出し、バランスの取れた経営をしっかりされているということですね。

❖女性性の象徴は「あいまいさ」

長　たとえば、章子さんは講演される時レジュメやパワーポイントの資料などを作ったりということは……。

章子　恥ずかしながら、まったくできません！

長　そうですよね(笑)。レジュメをつくれるというのが実は男性性なんですよ。男性性というのは、目標に向かってこうでなくてはならない、こうしなければならないということを決めて進んでいくから物事を具現化できるわけです。これに対して、女性性の一番の象徴は「あいまいさ」なんです。

章子　目標、ゴールを事前に設定してしまうんですね。私の場合は、その時その場で直感にまかせてお話しするので、もしもレジュメをつくれたとしても違った内容を話してしまいそうな気がします。

長　あいまいさがあると懐が深くなるんです。

レジュメを作るということは、そのとおりにしないといけないということになるのでポケットが狭い。女性性は、これもあるけどこれもいいよねと、時々に変化していきます。当初はそれでいいのですが、やっていくうちにどんどん内容が増えてしまうから、結局レジュメが意味をなさなくなってしまうんですね。

要するに、これが女性性です。また母親の深い愛は女性性の表れの最たるものだと思います。閉じている状態からは想像できないほど、ひなを包み込む時に広がる羽のように、周りをいたわり包み込む姿が女性性の本来のエネルギーだと思います。

章子　東洋思想の田口佳史先生の私塾に通っていたことがあるのですが、そこで教わったのも、「日本人の最大の特徴はあいまいさである」ということでした。あいまいさがあることが日本文化の最大の特徴で、これは外国の方々には理解しがたいようです。「マホメットもイエス・キリストもいていいよね」という寛容さがあるということでした。

長　だって十人十色なのだから10人いれば10種類の考え方があっていいわけじゃないですか。それを男性性は一種類にしようとするんですよ。今の社会はそれを目標にしようとしているから、無理が出てきているんです。

章子　大きなものでは世界を統一して支配しようという動きですよね。長さんが先ほどおっしゃっていたように日本の特徴が女性性であるのなら、世界の中でなかなか存在感を示すことができないのもうなずける気がします。

そして、それと同時に、今までの時代においては具現化できない女性性は弱さになりがちだったのですが、これからの時代は女性性を出しながら、個人や家族、会社、国といった範囲を問わず、男性性と女性性のバランスをとっていくことが大事になるんだと思います。

長　たとえば、レゴブロックというオモチャがありますよね。パッケージに印刷されている完成図の写真が恐竜だったとしたら、男性性は恐竜しかつくらないんです。ところが、女性性なら途中で他のものを作り始めてしまって、結局ブロックが足りずに仕上がらないんですね。

章子　でも、そこで男性性が現れてくれれば、これを足せば仕上げられるねという具合に完成へと導くことができるんですね。そんなバランスでどんどん変化が起こっていくと、まったく新しい世界が広がっていきそうですね。

長　そうですね。その時の方法論というのが、馬と騎手の関係性をつくっていくということなんです。

❖日本の女性性が損なわれた理由

章子　今の日本社会には、たとえば賃金の格差の問題であったり、実力に見合った地位がなかなか与えられないことであったりと、一般的には性差別と言われるような様々な問題があると思いますが、私はこういった問題を単純に「女性が虐げられているからだ。女性の復権を！」というように訴えるのはすこし違う気がしています。

そういった問題は、たしかに男性性がマイナスに働いて起こっていることだと思いますが、女性性がマイナスに働いていることも多くあるように思うんです。やはり経済的な豊かさの差に関わらず多くの人の心が貧しくなっている気がするのですね。

長　それはそのとおりだと思います。女性性というものを履き違え、結果として品のない女性が目立つようになった大きな原因は、日本がアメリカナイズされてきていることだと思います。

章子　お話に出てきた「男装の麗人」ではないということですね。

長　日本は元々女性性の国であり、礼節を重んじる国でしたが、戦後ずっと続いてきたＧＨＱの政策がどんどん実を結んで、いつの間にか利己主義が蔓延《はびこ》る国になってしまったように思います。

したたかな女性やとんでもない女性は昔からいましたが、いまと比べると質が全然違うんです。悪いことをしたと思ったら謝る。そんな単純なことさえできなくなってきている気がします。

もちろんこれは男性も同じことで、権利は主張するけれど、責任を果たそうとしない。これまでは義務を果たしていない人間が権利を主張しても、一切認められなかったんですよね。それがいまは裁判だなんだかんだといって、エゴの主張であるにも関わらず、まるでそこに正当性があるかのように、自分の都合のいいことばかりを主張する人が増えてきているように思います。

アメリカでの話ですが、マクドナルドでホットコーヒーを注文し、それを子どもがこぼして火傷をしたのですが、そうなったのはマクドナルドのコーヒーが熱かったせいだという訴訟を起こし、損害賠償として４００万円をせしめたという嘘のような有名な話がありますが、日本でもそんなことが平気で起こる世の中になりつつあるということです。

章子　アメリカはとにかく訴訟が多いんですよね。

長　そのアメリカの訴訟問題の中で、日本が大きなトラブルに巻き込まれる可能性が多くなると思われるのが、ＴＰＰ（環太平洋パートナーシップ）における「ＩＳＤ条項」関連だと思います。今のアメリカは自国の利に合わないということでＴＰＰからは離脱している状態が続いていますが、いずれ日本とアメリカの間でＴＰＰ協定、もしくはＦＴＡ（自由貿易協定）を結ばなくてはならなくなると思います。それが本格的に始まると、訴訟問題に慣れていない日本は本当に困ることになると思います。

欧米、特にアメリカでは、自分たちの都合や言い分が通らないとすぐに訴訟問題に発展するのですが、日本人は訴訟問題に慣れていないだけではなく、それに対する教育が一切と言っていいほど行われていないのです。海外進出しているトヨタや武田薬品などが散々痛い目に遭ってきているにも関わらず、日本政府でも経済界でもまったくと言っていいほど訴訟問題に対する教育が進んでいない中、一般の中小企業がその波にさらされたらどうなっていくことか……。

ＴＰＰ自体が悪いということではないんです。世界中で国境を超えて自由に貿易活動ができるようになるというのはいいことなのですが、それに伴うリスクというものをきちんと教育し、対策をとれるようにしていかないと大変なことになってしまうということです。

章子　教育してくれないからこんなことになってしまった！と言っても後の祭りですから、やはり政治にしても経済にしても、きちんとした情報を得ようとする、学ぼうとするという姿勢が必要不可欠ですね。

❖男性性による支配欲、権威欲の暴走

長　教育されないままに、何かあったら訴訟をすればいいんだという考え方だけが、どんどん入ってきているのが今の状況なのではないのでしょうか。

中でも深刻なのが、医療ミスに対する訴訟が急激に増えていることです。もちろん、医療ミスなど起こり得ないということではありませんが、適切な治療であったにも関わらず

訴えられることが増えたために、医師の方も危ない橋を渡りたくないということで、真っ先に減ったのが小児科です。

小児科というのは、お金が儲からないうえにリスクが高いんです。老人に対してのように山のように薬を出すことはできないからその部分での儲けがないし、治療といっても保険適用の範囲内がほとんどだから儲けが少ない。でも、相手が子どもたちだということもあり、もしも悪化しようものなら医療ミスで訴えられる可能性が非常に高いんです。いま一番少なくなっているのが小児科で、その次が産婦人科ですね。

章子　山のように薬を出すことも含めて今の医療現場のやり方にある問題はさておき、そんな状況では少子化対策が進むはずがないですよね。体力的な負担がとても大きいために小児科医や産婦人科医のなり手が少ないということは聞いたことがあったのですが、そういう事情もあったとは驚きです。

ただ、あるお医者さまからお聞きしたのは、本当は新しい治療法や自分が信じる治療法にチャレンジしていきたいのだけれど、訴訟を怖がってガイドラインに沿っていないことは絶対にしないという医師が今はほとんどなのだそうです。

質《たち》の悪い医師もゼロではないでしょうから、やるべき訴訟もあるとは思います。それにもちろん医療ミスはあってはならないことなのですが、どんなに細心の注意を払ってもミスが起こってしまうことはあるものなのではないでしょうか。

「上手くいかなかったら訴訟だ」ではなくて、みんながより良くなっていくために医療があるんだというふうに、医療を受ける側も見方や意識を変えてほしいとおっしゃっていました。

長　昔はそういうことはなかったんですよ。甘いということとはまったく違ったところで、寛容さがありました。アメリカ流の考え方が入ってきて訴訟文化が一般化してきてしまったんですね。

医療において、ガイドラインに沿っていない治療はしないというお話がありましたが、実はいま、僕のセッションにお医者さんや医大生が何人かお見えになっていて、彼らのお話をお聞きしていると、本当にやりたい分野は予防医学なのだそうです。病気になってから治療するのではなくて、病気にならないための医療をやっていきたいということですね。

ところが、極力薬を出さないようにして自宅でできることを指導したりしていたら、ヤブ医者だと言われて患者さんが来なくなってしまったというんです。高齢者にとっての名医というのは薬を大量に出す医者のことで、患者のためを思って必要最小限に薬をとどめ、代替医療などを勧める医者はヤブ医者に分類されるそうです。章子さんのおっしゃるとおり、医療の問題というのは医療従事者だけではなくて患者の問題でもあります。

章子　やはりここでも、全体の意識改革をしていかないといけませんね。

長　そうですね。見方を変えないといけないというのは、この後お話ししていく歴史のことにしてもそうなのですが、それと同時に今現在の女性に対する見方を修正し、女性性本来の姿を取り戻していく方向に早急に変えていく必要があると思います。

たとえばパワハラとかセクハラというのがありますよね。ハラスメントというのは要するにいじめであったり嫌がらせということです。パワハラやセクハラの被害に遭う人たちというのは、必ずしも女性だけというわけではなく、社会的に弱い立場の人たちということになりますが、いまの社会的に強い立場の人たちというのは結局のところ男性性が非常に強く、しかも地位や名誉といったことに貪欲な人たちということになります。

章子　最近、勇気を出して窮状《きゅうじょう》を訴える動きも出てきていますね。

長　そうなのですが、せっかく訴えてもその思いは肝心なところへは届かないんですよ。訴えが認められてもパワハラやセクハラをした人、それを容認した人たちが完全に反省し、悔い改めることは少なく、とりあえず見せかけだけの左遷人事が行われたり、減給や格下げといった措置を取って、ほとぼりが冷めたらまた戻ってくるということがほとんどなんです。

そして、表面に出てこないところで訴えた人間を徹底的に潰しにかかり、様々な圧力を掛けて、訴えた側の人間を追い詰め、結局そこにいられない状況に追い込んでいくんです。その後は、パワハラやセクハラをした人が返り咲いて、また同じことが繰り返される状況が続くという繰り返しになってしまいます。

章子　なんだかとても嫌な世界ですが、さもありなん、という気はしますね。それにしても、いまの日本の社会、多くの組織がそのような構造だと、不当なことを訴えようにも訴えられないですよね。

長　これは完全に男性性による支配欲、権威欲の暴走ですね。でも、もうそういう時代は終わらせないといけない、変えていかなければならないということです。

❖パラレルワールドとは水が合うこと

章子　次から次へと男性性社会の弊害のお話が出てくると、暗澹《あんたん》たる思いになりますね。ちょっと苦しいような辛い気持ちになります。

長　それは女性である章子さんの時間軸と、この話題について語り合う時間軸が合っていないからかもしれませんね。

章子　時間軸、ですか？

長　そうです。実は、この世界は3次元ではなくて4次元です。縦横高さの3次元空間に時間軸が加わって4次元なのですが、この時間軸というのは個々に違うものなんです。そして、その時間軸は何が持っているのかというと、「水」なんです。

人間の身体は年齢によって違いますが約7割が水でできていますよね。その水の振動、言い換えると時間の流れ方、すなわち時間軸が同じだから一緒に同時に存在することができるんです。

時間軸がすごく合っている人だと、久しぶりに会ってもストレスなくいっしょに時間を過ごせますが、その時間軸が1秒でも違ったら、会いたくても会えなくなります。昔から仲が良くてケンカもしていない、それなのになぜか会えなくなったということがよくありますが、これは良くも悪くもお互いが持っている時間軸がズレてしまったということになるのです。

章子　それってつまり、パラレルワールドのことですよね。その決め手が「水」であるということでしょうか。

長　そのとおりです。たとえば、雨が降ると大地が水を吸収しますね。その水を木や草が吸い込んで、それによってそこに時間軸のひとつのエリアができます。そこに人が入ってきた時に、その場の時間軸と合わなければそこに存在できなくなるんです。たとえば、どんなに八ヶ岳に憧れて引越してきても、半年もしないうちにいなくなってしまう人がいたりするのですが、これは時間軸が合わないからなんですね。このことを「水が合わない」と言うのです。

章子　それは納得です。そうだとすると、講演会などでは参加者の方が講師の先生や主催者を通じて同じ時間軸を共有し、水を合わせているということになりますね。

そんな水が合う場所をどんどん増やしていくと、なんだか大きな流れになりそうですね。

長　そうすると、次に波紋が出来てくるんです。池の水面は風など動きがなければとても穏やかですが、石を投げ入れれば波紋が発生しますよね。このように情報の拡散をすることで共通認識を持たせて世界を創っていくのが女性性の時代なんです。比較によって下に広がっていく男性性のピラミッドとはそこが大きく違うんですね。

章子　想像を膨らませていくと、小さな波紋を大きな波紋で包み込んでいって大きな世界ができていくようなイメージが湧いてきます。包み込みは女性性の象徴ですが、あんな人もこんな人もいていいよねというふうになっていくことで、より広い世界を楽しめるんだと思います。

長　パラレルワールドはどうやってできるのかというと、水の温度が違うんです。水というのは温度が違うと層が出来て混ざらなくなるんですね。それによって分離していくものなのです。

でも、なんとこれを取りまとめることのできる水があって、「ナノ水」といいます。ナノ水というのは、ナノレベル（ミクロよりも小さい、1メートルの10億分の1の世界）の波長で水の分子が振動しているきめ細かな水のことです。ナノ水は分子が水と油を乳化させてしまうほどとても細かくなっていて、温度差のある水を小さな分子で包み込んだ上で壊してしまうんです。だから、条件に関わらずすべての水に同じように浸透していくんですね。

細分化という形で水のかたまりが大きくなっていくということは、膨張していく大きな世界の中にパラレルワールドが増えていくということになります。

章子　パラレルワールドといって分かれていくのだけれど、最終的な目標地点としては統合していくということですね。

もしかするとそんな動きというのが、すなわち女性性の特徴である「あいまいさ」によって実現していくのかもしれませんね。最終的には一人とひとりの時間軸が違っていてもその状態を良しとしながら、水の合う同じ世界を創っていくようなイメージですね。

長　章子さんのおっしゃるとおりで、この統合というのは女性性でなければ成し得ないことなんです。

❖「道」を見つけベクトルを定める

章子　時間軸が一人ひとり違うということは、すなわち一人ずつが自立して自分軸を持っていることなのだろうと思います。

でも、今の社会では男性性、女性性以前の問題として、その自分軸がしっかりとしていない人が、とても多いように感じます。

長　それを身に付けるために必要なのが、一見すると関係ないように思える「躾《しつけ》」、古い言い方をすれば「道徳」という言葉になります。この道徳というのは、本来「人としてあるべき姿へ辿り着くための道」ということになるのですが、儒教や仏教、それに華道や茶道、武道などと同じで、徳を極めるための道なんです。

章子　「道徳」の字のとおり、「徳の道」ということですね。これを身に付けていくことが、すなわち愛がプラス方向のベクトルで表せるようになっていくことなのですね。

長　日常生活のひとつずつの行動の中で、それを積み重ねていくことが人生そのものだということですね。徳を積んでいける人が増えていくことが、新しい世の中を良いものにしていく一番確実な方法なんだと感じます。

章子　私や、おそらく長さんもだと思うのですが、その「道」を迷いのないものにしていく助けになればという思いで、個人セッションをさせていただいています。私がその人の人生を変えてあげるというのではなくて、その人自身の意識のベクトルが自分の魂の望む方向に向かうことを意図しながら、カードを通じてお話を進めていくのです。

長　章子さんのセッションによって、ご自身にとっての正しい「道」が見つかって一度ベクトルが定まれば、人生はそれに従って確実に動き出しますからね。
ただし、そこで大切なことは、そのことをご本人が自覚することが絶対条件になると思うのです。そうならないと、ご自身の中に前に進もうとする意識が芽生えず、それではいくら「道」を示しベクトルが定まっても、何も変わらないように思えるからです。だから、セッションを受けてもカードのとおりにならない、人生が一向に好転しないというような人も出てくるのではないでしょうか。

章子　すごくよく分かります。たしかに、セッションを受けても変わらない方もいらっしゃいますね。そういう人たちは、ご自身のベクトルの方向を変えようという思いが希薄なように思えます。

長　それはもう、ご自身の問題なんですよ。

話は変わりますが、これまでお話ししてきたとおり、愛を持っていない人はどこにもいません。でも、その愛は何もしなければ表面に出てくることは決してありません。

たとえば、山の上に美しい水をたたえた湖があるとしても、何もしなければその水はどこへも運ばれていくことはありませんよね。この水を動かそうと思えば、まずは水路を作らなければなりません。さらに、その水路に水が流れ込むように、堰《せき》を開く必要があるでしょう。

お客様自身の意識を湖の水とするならば、その水を流すのには水路を作り、その堰を開かなければ何も変化しません。水を貯め込んだままで下流が枯れている状態では、どんなに水が欲しくとも潤うことはないのです。まずは、湖の堰を開くことが大切です。

章子　水路の堰を開けるのが行動なんですよね。

長　それはお客様ご自身にしか出来ないことなんです。上の湖と下の枯れた土地をつなぐ水路を掘ってあげる、道をつけるのが章子さんの役目です。ただし、掘ってあげても、実際に堰を開いて水を流すか流さないかはお客様の自由なんですよね。

章子　こんなことをこんなふうにやったら堰が開きますよという情報は、いつもどなたにもお伝えするのですが、覚悟ができている人、本気の人はすぐに行動します。そして、すぐに水が流れはじめて、そうすると出会う人が変わってきます。

長　すぐに行動できない人というのは、自分軸ではなくどこか他人任せなんです。一番変わらないのは、あの人にこう言われた、この人にはこう言われたと騒いでいるだけの人たちですよね。「ところで、それを聞いてあなたは何をやったの？」と聞いても、決まって何もしていないんですよ。

章子　そういう人は往々にして、新しいもの、流行のものが大好きなんですよね。とにかくいろんな情報を仕入れるけれど、結局、動かないから何も変わらない。

❖当たり前のループから抜け出す方法

長　正直に言うと、自分たちのようにスピリチュアルの世界で生きていく人間というのは、あまり褒められた存在ではないように思うんです。やっぱり基本にあるのは現実世界での行動ですから。

たとえば、世界のトップクラスの脳外科医の先生の多くは、難しい手術の時に腕が勝手に動くような経験を、必ずと言っていいほどされているそうです。そして、「これは私の力ではない」「サムシンググレートの力だ」というふうにおっしゃるんですね。自分の力ではなく、自然に身体から湧き出るエネルギーを現実世界で使っている。これが一番すばらしく、それでいてある意味当たり前のことなんですね。

章子　今の日本は、残念ながらその当たり前のことが理解されず、そしてできにくい世界ですよね。

長　その通りです。当たり前のことが当たり前のこととして通らないですからね。たとえば海外の脳外科医や脳科学の先生に、「死後の世界はありません」なんて言おうものなら、「アンタバカだね」とあきれられてしまいますよ。

章子　つまり、当たり前のことであったり、常識であったりというものが本来からずれてしまっているということなのだと思います。そして、がんじがらめにされてしまって、それがすべての行動を邪魔しているように感じられます。

長　人間が生きていく上で起こる問題というのは、病気でもなんでもそうなのですが、すべてに意識が関係していて、その時々でどのような意識を持つのか、そして、その意識をどうやって使っていくのかということです。

そこでポイントとなってくるのが「考える」ということだと思います。本当は当たり前ではないことが当たり前になっていて、考えることをやめさせられている。自分の本来の性質に意識が向かないように仕向けられているから、その結果好きなものややりたいこと、すなわち自分軸が見つからないということに繋がっていくのだと思います。

章子　その意識の持ち方を、女性性を発揮しながら思いきって変えていくことですよね。そんなわけがない！　なんて思わずにすこし視点を上げて、それこそ自分自身の中にある男性性の騎手になってみれば、色々なヒントが色々なところに詰まっていて、やるべきこと、やれることは結構目の前にポンとあったりするものですよね。

長　これは本当に強く言いたいことなのですが、たとえば女性がお弁当一つ、晩ごはん一食つくるのは本当にすごいこと、洗濯や掃除をすることは本当にすばらしいことなんだということを、すぐにでも理解していただきたいんです。生命を支えるという意味では先ほどの脳外科医の先生方とその価値は何ら変わらない。それほど世の中に貢献していると思うんです。それに気付いて、それを認めてくだされば、自分のことが好きになり、愛があふれて、好きなこともどんどん見つかってくるのです。

章子　子どもたちだったら、大変な受験勉強をくぐり抜けて大学に行くより、スペシャリストのそばへ行って、勉強したほうが良いということもあるでしょう。たとえば大工さんになりたいと思うなら、さっさと弟子入りしたほうがいい。もちろん大学へ行って研究することもすばらしいし、それは人によって違うことなのだから、大学へ行くことを目標とした教育に終始する時代は、早く終わらせたほうがいいですよね。

でも、子どもを持つお母さんたちは、たくさんの常識的な情報の中で愛情ゆえにすごく悩むから、子どもだけで判断できないフェーズの時に信頼できるセッションを受けるというのは、とても有効なことだし、お役に立ちたいなと思いますね。

それから、戦後教育を受けて大人になり、サラリーマンをされている方や非正規社員、アルバイトの方の中にも、いわゆる自己肯定感が低い方が多いように思います。

長　僕がよくパートナーの加緒里に言われたのは、戦後昭和世代には汗水たらさないとお金をもらってはいけないという考え方が根強くあるけれど、愉しんで楽にお金をもらってもいいのでは？　と言うことです。正社員でないと安心できないと言うけれど、正社員になったからと言って安心なんてできないし、しかも会社への縛り付けが強い。

いやだったら止められる自由さがあるんだから非正規社員やアルバイトの方が居心地がよいという考えもありますよね。正社員になりたいけどなれないというのと、なりたくないからならないというのでは、見かけは同じ非正規社員・アルバイトだけれど、中身の意識がまったく違っているんですね。

章子　日経新聞を愛読しているような戦後昭和世代にとっては、正社員になれるかなれないかは死活問題のようですよね。

長　そうなっても、仕方ないところもあるんです。正社員になることが社会の常識だと徹底的に教え込まれてきた世代ですから。

章子　経営者はもちろん、サラリーマンや非正規社員、パートやアルバイト、主婦でもそうですが、ご自身でその立場を選ぶのであれば何の問題もなくて、好きで楽しんでされているのなら間違いなくそれが一番いいんだと思います。
だから、会社勤めする人が全部ダメとか全員独立しなさいということではなくて、会社しか自分の世界がないという考え方はおかしいですよということなんです。会社の規模や出世やお給料、そんな会社の中だけで自己実現しようとして苦しむなんておかしいですよね。
そんな狭い世界の中だけに生きるのではなく、もっと大きな広い世界へ出て、その中の一部が会社勤めの自分というように俯瞰して見られるようになることが大事だと思うんです。

長　そういう今のサイクルや常識から一歩抜け出すというのが、一番大きな行動かもしれませんね。

章子　小さな趣味でも、それこそ趣味として認識されないようなことでもかまわないんです。まずはやってみればそのうち趣味が仕事になるかもしれません。もっと言えば、別に仕事にならなくても、好きなことに没頭できればそれで幸せですよね。

インターネットが発達したことで、離れた場所であっても「水が合う」ようなことも実現可能になっています。本当に面白い時代だと思います。

長　変わるのに時間のかかる方もいらっしゃるでしょうね。たとえば僕のような戦後昭和世代の左脳人間だと、理由が分からないし、結果も分からないことにトライするのはとても勇気のいる難しいことですよ。

章子　なかなかアタマでは理解できなくて、一歩踏み出すまでに時間のかかる方もいらっしゃいますね。でも、失敗しないようにと考え込んでいたら、思い切ったチャレンジはしにくくなるばかりです。

若い世代もそうだけれど、私たち捨て石の世代も、それに戦後昭和世代の人たちも、歴史の流れに翻弄されて散々遠回りしてきたのですから、もうこれ以上遠回りする必要はないと思うんです。

何かすごい修行が必要だとか、艱難辛苦の後に成功があるというのも悪くはないですが、もう十分に経験してきたのだから短縮したらいいですよね。人生の時間は限られているのだから、もったいないです。

長　そういうふうに捉えられるのは、章子さんの中に「ねばならない」を超えた寛容さがあるからでしょうね。

章子　まだまだ寛容さは足りないと思うのですが、どんなことも必要で起こることなんだという確信は持てるようになりました。

そして、結局のところ生き方のベクトルを変えるにはご自身で体感することしかないんだと思います。そのためにセッションでカードからのメッセージを受け取り、講座で理論を学び、ツアーに参加して実体験していただくということをこれからも積極的に続けていきたいと思っています。体験を積み重ねていただくことで、ミラクルな体験というのは実は日常的に起きている、それが当たり前という方が増えるといいなと思っています。

長　増えていってほしいですね。これまでの「当たり前」のループを抜け出す人が増えれば増えるほど、女性性の時代への移行が加速度的に早まっていくと思います。

第3章　新時代創造のカギとなる日本の役割

❖世界中に暮らしていた縄文人

長　そもそも、男女問わず女性性が優位で、人と争うことを良しとする人が少ない日本人にとって、今の世の中は非常に生きにくい世界なんです。

章子　それは分かるような気がします。日本人の多くが人と争うことを良しとしないのにもやはり理由があるのでしょうか。

長　もちろんあります。日本人は人種の違う人たちだけではなくて、外見の似ている中国や韓国などアジア周辺の人たちとも、ＤＮＡにおいてかなり違う要素を持っています。中でも一番大きな違いがＹＡＰ遺伝子という縄文人が持っていた遺伝子を持っている人が多いという点で、アイヌの人では78％、沖縄の人では64％と多く、本州でも48％くらいの人がこの遺伝子を持っていると言われます。

章子　ＹＡＰ遺伝子というと、親切遺伝子とも言われていて、日本人特有の親切さや勤勉さなどもこの遺伝子の影響が大きいのですよね。以前、遺伝子研究の世界的権威である村上和雄先生が「YAP遺伝子は自分を捨てて他人に尽くす遺伝子」だとおっしゃっていると聞いてとても感動しました。

東日本大震災の時に平時以上に冷静に行動し、助け合いの精神を発揮する被災者の皆さんの様子に世界中から驚きと称賛の声が寄せられましたが、それもこの親切遺伝子のなせるわざかもしれませんね。

長　その影響は多分にあるでしょうね。

ところで、縄文人というのは、日本と古代イスラエルなど限られた地域だけにいたように思われている方が多いと思いますが、実はそのもっと以前には世界中の多くの地域に暮らしていました。

たとえば、1996年にアメリカ、ワシントン州で北米最古の人骨・人糞・貝塚が見つかったのですが、人骨を炭素年代測定で測定したところ9000年ほど前の骨であり、遺伝子分析をしたところネイティブアメリカンと近縁だったという発表がされています。

しかし僕の得ている情報では、実はこの人骨は5万年前のものであり、縄文人の遺伝子と合致したというのが本当のところです。歴史学・考古学では、５万年前の人類は、まだアフリカから出ていないということになっていますので、５万年前にアメリカ大陸に縄文人がいたとなっては問題があるわけで、そのため人骨の年代をアフリカから出た人類が到達しても問題の無い９０００年前としたようなのですね。

余談になりますが、エジプト以外のピラミッドが造られた年代は、一般的に３０００年前と言われています。しかし、現在ではピラミッドができた年代はエジプトと同じか、それよりも古いことが分かっています。

それでは、なぜそのような間違いが起こったのかというと、当時は年代測定の費用が非常に高かったために調査することができなかったんですね。このため考古学者が「エジプトのピラミッドが５０００年前のものなのだから、その人たちが渡ってきて造ったとすれば３０００年くらい前だろう」と年代を決めたので、ピラミッドが造られた年代は３０００年前ということになっているだけなんです。

章子　世界各地に住んでいた縄文人たちがどんどん少なくなっていったのにも、やはりＹＡＰ遺伝子が関係しているのでしょうか。

長　大いに関係しています。ＹＡＰ遺伝子を持っている人たちは、基本的に戦うという遺伝子を持ち合わせていないんです。

たとえばペルーの人たちは、インカ帝国を作った人たちの祖先は日本人だと言っているんですね。つまり、インカ人もＹＡＰ遺伝子を持っていたということになります。

彼らはスペインに滅ぼされたわけですが、数万人のインカ人がなぜたった４００人のスペイン人に負けたのかというと、戦わずに逃げたからなんです。縄文人というのはそういう人たちなんですね。

❖日本人は管理社会に向いている

章子　それにしても、ほかの多くのＹＡＰ遺伝子を持っていた民族が次々と滅ぼされていった中で、日本はどうやって滅びずにここまで続いてきたのでしょうか。

長　それは、日本が島国で大陸から隔離されていたからだと思います。それに渡来人が好戦的な態度を示せば縄文人は地の利を活かして逃げてしまうので、渡来人はどうしても同化政策を取らざるを得なかったということもあり、結果的にYAP遺伝子が残ることになったのでしょう。

神話に出てくるスサノオやアマテラスというのは、実は海外から日本にやってきた渡来人で、当初は日本を征服しようとしたようですが、全国統一はおろか、大きな勢力になることもせず、家族単位を基本とした集落しか作らない縄文人を征服しようとしても意味がないと思ったのでしょう。スサノオがクシナダヒメを妻にしたというのも、同化政策のひとつなんですね。そうすることで、YAP遺伝子、縄文人の血脈はつながれてきたわけです。

章子　長さんからの受け売りになりますが、日本は厳密には今もまだ統合が終わっておらず、大きな意味で蝦夷、大和朝廷、倭王権の3つがまだ厳然と存在するということなのですよね。蝦夷は東北地方、大和朝廷は近畿地方で、倭王権は呉を中心に中国地方。私が驚いたのは、この3つの勢力はすべて渡来人だということです。蝦夷は縄文人だと思い込んでいたのですが、彼らはモンゴルからやってきた人たちなのですね。

長　彼らは必要があれば戦いますし、支配欲も持っていましたからね。それに対して縄文人というのは、先ほども言ったとおりＹＡＰ遺伝子を持っている人たちですから、戦わずに逃げてしまうんです。

それから、縄文人のすごいところは、たとえば奇形などで指が６本とか手が３本あるような人がいた時に、彼らはその人を神の使いとして崇めたんです。自分たちが持っていないものを持っている人はすばらしい人と捉えたわけですね。ところが渡来人はあくまでも自分たちが絶対的な基準であって、逸脱している場合は異物として排除する対象としたのです。こういった捉え方がＹＡＰ遺伝子の有無による一番大きな違いと言っても過言ではないでしょうね。

ただ、そういったこともあって最近、一部の人たちの間で縄文人はすごい！　日本人は特別だ！というふうに礼賛《らいさん》するような風潮がありますが、そうとばかりも言えません。今の日本を実際に形づくっているのは良くも悪くも縄文の遺伝子を強く持たない人たちだからです。

章子　極端な意見に走ったり、決めつけたりするのではなく、きちんとした知識と正しいバランス感覚を持つことが必要だと思いますね。
たしかに、たとえば「逸脱している場合は異物として排除する」という発想などは、今日本で起きているいじめなどの深刻な社会問題と重なります。ということは、今の日本人は縄文の遺伝子を持たない人たちに順応しきっているということになるのでしょうか。

長　そのとおりです。縄文の人たちは環境に対する適応性はあるのですが、自分で何かをする、自分でなにか考えても、そこから新しいものを開発していくということにはまったく向いていない種族でもあるのです。

章子　まだまだ学ばないといけないことがたくさんありますね。
縄文の遺伝子の特性をきちんと理解してはじめて、その影響を色濃く受ける日本人は今後どのように生きていけばいいのか、どうすればその役割をしっかりと果たせるのかという話になっていくのだと思います。

長　ところで、自分で何かをするということに向いていないということは、逆に言えば日本人は管理社会にとても向いているということになります。もっと言えば、管理社会にしないと今の日本人は動かないんですよ。

よく勘違いされることなのですが、民主主義の理想の社会は日本人の社会です。主権在民ということで、国民の声を聞いてちゃんと選挙をして、きちんとした民主主義をやっている、やろうとしているのは実は日本くらいのものなのです。

章子　民主主義ではないということは、ほかの国々は独裁制だということになりますね。ちょっと混乱するかもしれないので補足すると、民主主義・独裁制というのは政治体制を、資本主義・社会主義・共産主義というのは経済体制を指しているそれぞれ別のものなのですよね。

学生時代に習ったはずのことなのですが……、自分の努力のなさを棚に上げるのは良くないとは思いますが、やっぱりもう少し興味が持てるような教育に変わっていってほしいものです。

長　学ぶべきことは人それぞれですからね。それに学校で教えられることに嘘はありませんが、真実と離れていることが多いという現実もあります。章子さんのように直感を大切にして、そのうえで知識を得ていくことが大切でしょう。

実際その民主主義なのですが、学校の教科書では自由競争を謳う資本主義と親和性が高いということになっていますが、実は資本主義の最終目的は１％の支配者層が残りの99％を奴隷にすることなのです。

欧米諸国は表向きには民主主義だということになっているだけで、実際はトップになった人に従う独裁制なんです。だから意思決定が速い。

本当の民主主義はどんな小さな意見も捨てないから、何時間協議しても結論が出ません。日本では、そこをなんとかみんなで話し合って落としどころを見つけていこうとするんですね。そして、それが見つからない時のために多数決があるわけです。

❖世界の国々は男性性社会

章子　たしかにビジネスの世界でも、欧米の人は会議をすれば30分で意思決定するけれど、日本人は何時間会議をしても決められないと言いますよね。

長　この特性を言い換える形になるんですが、男性・女性でいくと日本は女性、アメリカ・韓国あたりは男性ということになります。女性は強い男性に寄り添い従って助けますよね。だから日本は長らくの間アメリカに寄り添ってきたというわけです。

　ただし、縄文人というのは世界中で見つかっているので、今でも多くの場所にＹＡＰ遺伝子を持っている人はいるはずです。そして、混血も進んでいますから白人だからといってＹＡＰ遺伝子を持っていないとは言えません。ただ、やっぱり少数派だし、戦いに明け暮れる環境下にあるのでＹＡＰ遺伝子を持っていたとしてもスイッチがオンになっていない人が圧倒的に多いということは言えるでしょうね。

章子　こうしてお話ししてくると、「ＹＡＰ遺伝子を持っている人が多い日本はすごいんだ！」という発想は、そもそも争うことを良しとしないＹＡＰ遺伝子を持っている人らしくないですよね。

長　そのとおりです。ついでにもう少しお話しすると、アメリカ以上にＹＡＰ遺伝子を持っている人が少ないのは韓国です。外見は日本人と似ているのですが、アメリカ人よりも少ないです。それから意外かもしれませんが、中国人は韓国人に比べればＹＡＰ遺伝子を持っている人が多いんです。

中国には残留孤児がいますが、韓国にはいませんよね？　日本人が全面降伏した後に日本人はいらないと言って、子どもも含めて日本人をどんどん抹殺していったのが韓国人です。中国人はそこまでのことはしなかったから中国には残留孤児がいますが、韓国に残った日本人はほぼ全員殺されたから残留孤児がいないんです。

章子　ちょっと想像もできない話ですが……。これからの日本は、まさか鎖国するわけにもいかないでしょうし、そんなＹＡＰ遺伝子を持っていない民族と一体どうやって上手につきあっていったらいいのでしょうか？

長　ごく簡単に言うと、これまでのように順応するのではなくて客観的な高い視点、つまり母親のような視点で接することが必要になると思います。ただ、そこで問題になってくるのが接する相手が大人なのか子どもなのかという見極めです。

全部が全部というわけではありませんが、たとえば韓国は子ども、それもやんちゃで、なんでもいやがったり、見え透いたウソをついたりする幼児期の男の子という感じです。それに対して大人の男性という感じがするのがヨーロッパで、青年期のいきがる若者という感じがするのがアメリカです。もっと小さい1歳児くらいの子どもがアフリカで、欲しいものは何でも力づくで取ろうとします。

章子　YAP遺伝子を持っていないということは男性性が優位ということなんですね。

長　そういうことです。決めつけてはいけないのですが、そういう人が多いというのは間違いないと思います。

そして、インドと中国はカオス状態です。中国人とインド人はお互いを一番嫌っていて犬猿の仲なのですが、大人なので経済ではしっかり手を握っています。

章子　カオスということはいろんな人たちが入り混じっているということですよね。
　でも、インドや中国ほどではないにしても、日本の中にもいろんなタイプの人たちがいます。国の内外に関わらず、お付き合いする人のタイプを見分けて上手に気持ちよく生きていくことがとても大切ですね。

長　文部科学省が定める優良校、普通校、不良校というのがあるのですが、それぞれの違いというのは、不良の数が一割未満が優良校、一割から三割未満が普通校、三割以上が不良校なんですね。不良校にも真面目な子はいるし、逆に優良校だからと言って不良がいないわけではありません。
　それと同じことが国に対しても言えると思います。日本にもどうしようもない人間はいるし、開発途上国であってもノーベル平和賞を受賞されたガーナ出身のアナン事務総長のような人もいらっしゃいます。どこが良くてどこが悪いということはなくて、そこには傾向があるだけなんです。何においてもそうですが、断言するのは危険なことだと思いますね。

❖社会の運営を日本式に戻す

章子　世界の国々も日本国内もそんなカオスな状況の中で、日本が母親のような視点に立つというのは、具体的にはどのようなことを心がけていけばよいのでしょうか。

長　家庭にしろ会社にしろ、今の日本は長い間アメリカに従属してきたためにすっかりアメリカナイズされ、男性性に傾いてしまっているので、それを日本式に戻すと考えればどうすればいいのかが自ずと見えてくると思います。

松下幸之助翁は、今年入ってくる新入社員の50年後を考えられないようでは、企業としては価値がないと言いました。これはとても意味の深い言葉で、会社に勤める期間というのは最長でも40年ですよね。50年というのは定年後10年経ってからのことなんですよ。その時にも幸せだと感じされられるような企業でなければならないということなんです。

章子　日本には創業200年を超える企業が世界最多となる3000社以上もあり、そのうち7社が1000年以上の歴史を持つそうですが、松下翁のような、あるいはもっと長期の子々孫々までのことを考えながらの経営であったからこそ実現してきたことなのでしょうね。

長　そのとおりです。ところが、今の企業というのは３カ月毎の株主配当のことしか考えていないので、会社の行く末なんて考えられるはずがないのです。
たとえば、先人たちがより良い田圃になるようにと長い年月をかけて整え、その田圃を活かすためにそれこそ何百年もの間守ってきた水源と田圃を繋ぐ水路が、今もなお日本中に存在しています。
それらの水路は、風水害の時に上手に荒れ狂う水をさばく役目も果たしていて、僕たちは今もその恩恵にあずかっているわけですが、３カ月先しか考えないのでは長期的な視野が持てず、その場しのぎになってしまいがちですから、そんなことは絶対にできません。３カ月先しか考えない人たちが水路を作った場合、そこに風水害が起きたら、おそらく水路が決壊してしまうのではないのでしょうか。

章子　決壊してしまったら、濁流となって田圃も民家も全部壊滅してしまいますよね。西日本を中心に全国で大きな被害のあった平成30年7月豪雨での想定外の水の流れというのは、そういったことから起こったともいえるのでしょうか。

長　いや、あの災害はもっと始末に悪くて、最初から受ける被害が想定されていたのですが、元々自然災害が少ない土地だったために、まさか災害など起きないだろうと高を括り、対策を講じてこなかったんですね。

章子　どうしてそんなことになってしまったのでしょうか。

長　これは余談になるかもしれませんが、いま災害が頻発しているところというのは、実は渡来人が占拠したところが非常に多いんです。

日本は火山列島ですから、古来そこに住んできた縄文人は火山が噴火すると神様の怒りをなだめようとお祭りをしました。つまり、縄文人は火山とともに生きてきた民族だったんですね。

それに対して、中国や韓半島からやって来た渡来人たちは、彼らの住んでいた地域にはほとんど火山がなかったために、とにかく火山を恐れたんですね。そのため、火山帯のない宇佐神宮から伊勢神宮にかけての地域を占拠していったんです。

章子　なるほど。

長　今でも存在している県の人々が勢力下に置いたのが、山口、広島、岡山。スサノオを始めとする出雲族は日本海沿岸を手中に収めた後、近畿へと勢力を広げて行きました。なぜ近畿なのかというと、ある程度の大きさの都を造るためにはそれ相応の平地が必要で、そういった面からも近畿は都合がよかったということです。

章子　ということは、いま災害に襲われているところの多くは、自分たちの安全のために渡来人たちが占拠して、縄文人を追い出したところだということですか。

長　そうです。今までは安全だったのですが、日本全体を浄化していかなければならない時期に入った今となっては例外があってはならないんですね。熊野もそうですよね。あれだけ長く無事であったものが、大雨があって土石流が起きて大変なことになりました。

章子　火山のない地域だから、水の災害となっているのでしょうか。

長　そうです。この風水害による浄化というのは「火水（神）」を構成する水を表していて、地震や火山は火を表していると言われています。これらは必要な禊《みそぎ》なので、それが一段落するまで続くそうです。

❖原発建設はアメリカ主導だった

章子　それでは、３１１、東日本大震災は東北の禊だったのですね。

長　東日本大震災に関して言うと、地震についてはそうなのですが原発事故についてはすこし事情が違います。産業技術総合研究所という経産省所管の特定国立研究開発法人（国立研究開発法人のなかでも、特に世界トップレベルの成果が期待される法人）が地震を予言していたんです。ただ、いつ来るかわからないものにお金をかけられないということで、対策を取らなかった結果があの原発事故なのです。

では何をすれば被害を防げたのか。地震によって津波が来る危険があるため、高台に自家発電装置を造る予定だったのですが、予算のかからない海岸線上に造られてしまいました。これを当初の予定通り高い場所に造っていれば、電力の供給を続けることができて福島の事故は起こらなかったのです。

章子　にわかには信じがたいですね。いったい誰の主導でそんなことが行われたのでしょう。

長　これはアメリカ主導によるものです。原発の建設というのは、実は貿易摩擦の解消対策でもあったんですね。日本が貿易黒字になってしまったために、摩擦解消のためにどうにかしてアメリカにお金を渡さなくてはならなかったんです。

そのためにアメリカの企業しか参加できないコンペを実施して、設計管理をアメリカの

GE（ゼネラル・エレクトリック社）に決め、続いて建設の入札に関しても実質的にアメリカの企業しか参加できないようにしたのです。でも、アメリカの企業から人を連れてくると大変だからということで、J.V.（ジョイントベンチャーの略語で、建設用語では共同企業体）という形で日本の企業が入っていったんです。つまり、日本の企業は孫請けのような関わり方になったわけですが、そのおかげで原発建設のノウハウを得られたことも間違いないので、ある意味、持ちつ持たれつの関係だったそうです。

そのような体制の中で、自家発電装置に関しては無駄な費用がかさむとのGEの指導で、高台から簡単に建造できる海岸線上に変更となったのです。

章子　つまり、アメリカの儲けのためということですね。

長　でも、それはアメリカから見ると正当なんですよ。企業は自社の利益を最大化するというのが、アメリカの企業観なわけですから。

章子　原発問題だけではなくて、どんなこともアメリカの見方、考え方が中心になって、短期的な利益追求に始終してしまっていることで、多くの弊害が出てきているということですね。まさに富が集中する男性性社会の構造そのものです。

長　その男性性社会に傾倒してしまうと、アメリカの企業と同様に自分たちが儲けることだけに陥ってしまうんです。いまの日本がまさにその状態で、企業が抱え込んでいる内部留保金はトヨタで１００兆円、一部上場企業だけでも合計１０００兆円を超えると言われています。安心、安定のためといいますが、どれだけあれば安心できるのかというと、際限などありません。

章子　その考え方は、日本全体、企業だけではなくて高齢者に多いタンス預金などのかたちで個人にも浸透している気がします。でも結局のところ、抱え込む体質でいるかぎり、どれだけ増えても安心などできないように思います。

長　そうなると、労働者や若者たちといった人たちにお金が渡らず、経済がどんどんやせ細ってしまいます。そうならないために、企業は自分たちの成長に必要な資金などを考えて、ある程度の線を引き、儲かっている部分を内部留保するのではなく、与えていく方向へとシフトしていく。そうすれば、ガラッと日本全体が変わるように思います。

それと同じような目的を持って、20年ぶりの新紙幣や新500円硬貨の発行が計画されたのかもしれません。政府は2020年の東京オリンピックを意識して、電子マネーやクレジットカードでの支払い拡大を進めているのですが、それと真逆の行為に見える新紙幣の発行を発表しました。

この目的は現在でも50兆円、2023年には70兆円に達するといわれるタンス預金の切り崩しにあるようなのですが、金利を上げたり旧紙幣を使用できなくするなどしなければ、目的は達せられないように感じます。

いずれにしてもお金は水と同じで、停滞させれば腐るだけですから、流通させることが大切になりますし、そうしないと景気が浮揚することも無く、労働者や若者にお金が渡ることもないでしょう。

章子　こういう情報をきちんと知って、私たち自身の生き方から富の集中ではなく、富を分かち合うという女性性の時代の生き方、視点にシフトしていくことがとても大切だなと感じます。

❖歴史の真実の見極め方

章子　それにしても、「よし、原点に戻って縄文人や渡来人のこと、自分のルーツを学ぼう！」と思った時に、教科書で習う日本の歴史も、たとえば時代劇などで見る日本の歴史も、あまりにも真実と違いすぎていて原点を見定めることがとても難しいように感じますね。

もちろん、直感を大切にして、愛のベクトルをプラスに向けていけば、自ずと真実は見えてくるとは思うのですが、とにかく情報が錯綜していて迷子になりそうです。

長　もっと迷子になるかもしれませんが、実は「日本」という国は本来は存在しないんですよ。

章子　えーっ！　どういうことですか？

長　遣唐使・遣隋使が中国へ行ったときに、中国の官僚に「お前はどこの国から来たのだ」と聞かれ、「大和の国から参りました」と答えたそうなのですが、中国の人たちは邪馬台国は知っていても、大和の国が一体どこにあるのか分からなかったそうです。

そこで聖徳太子（厩戸皇子《うまやどのみこ》）が使われていた表現を使い「日出づる国より参りました」と伝えたところ、この「日出づる国」が定着し、これが「日本」という呼び名になっていったそうなんです。つまり「日本」は中国語であって、本来この国は「大和」なんです。

章子　そういうことなのですね。その大和の国をつくったのは、アマテラスやスサノオをはじめとする渡来人たちだったのですよね。

長　日本に彼らが来たときには、すでに縄文人による王朝がいくつもありました。ところが、制圧しようとしても、戦う遺伝子を持っていない縄文人はあっという間に逃げていなくなってしまうので、同化政策をとるしかなかったことは先ほどお話ししましたね。

ところで、色々学びを深めていかれる時に、知っておいたほうがいいと思うのは、「スサノオ」というのは個人の名前ではなく「スサ一族の王」という意味なんです。それから、「アマテラス」は天と地を照らすという意味合いですが、男性の場合は役職で、総理大臣みたいなものです。女性は名前です。女性のアマテラスが祀られているのは伊雑宮《いざわのみや》なので、本当の意味のアマテラスにお参りしたい場合は伊雑宮に行かれるといいと思います。

章子　古代の文献に書かれていることに大きな相違があるのは、同じ人物だと思ってしまうからなのですね。

長　そうですね。他にもいろいろなことが絡み合っていて、歴史のことを本気で知りたいとなると、かなり深いところを学んでいかないといけません。

情報源が確かであることもとても大切なのですが、これが非常に難しい。歴史も含めて陰謀論のような、これが真実だという情報については、私もかなり見聞きしてきましたが、一般の方が手に入れられるものは半分嘘で半分本当というところだと思います。憶測によるものも多いですし、そうでなくても目を引くように、内容を盛って過激にしてあることがほとんどです。

本当の情報の比率が多い、8割方本当だなというものもあるのですが、その場合は何らかの意図を持った情報源がリークしていると考えるべきでしょう。情報というのは、8割が本当だと、残りの2割の嘘も本当のように感じられるものです。そして、その嘘の部分こそがリークした側が誘導したい内容、持って行きたい方向なのです。

まことしやかに流布されている情報については、そういうことがあるということもきちんと理解したうえで見ていくことがとても大切です。

章子 陰謀論は真実も多い一方で、支配者層を悪者に仕立てて、被害者意識を植え付けられたり怒りの感情のとりこになったり、攻撃的になるように誘導されているように感じることがあります。それだと愛のベクトルがマイナス方向に働いてしまうことになりますよね。

ことの真偽を追求するあまり目くじらを立てることよりも、今の目の前のことを大切にして、一人ずつが愛で生きていくという方向に労力を割いたほうがいいように思います。

長　情報を出す側を責める人もいますが、表に出せない、言ってはいけないことが本当に多いんです。言える範囲のギリギリを命がけで発信している人もいますから、右脳と左脳を総動員して必要な情報を賢く受け取っていってほしいですね。

特に歴史の話に関しては、きちんと生きていればその人それぞれに必要に応じて、否が応でも目の前にあらわれてくると思います。

❖空海、坂上田村麻呂、阿弖流為、そして「ゆの里」

章子　自分に必要な、向き合わないといけない歴史は、否が応でも目の前にあらわれてくるというのはすごくよく分かります。

色々な体験がありますが、八ヶ岳でご縁をいただいた長さんと、別ルートでご縁をいただいていた和歌山県の高野山の麓、神野々《このの》というところにある天然温泉「ゆの里」の重岡昌吾社長をひょんなことからおつなぎして、ゆの里ツアーをさせていただいた時が、いちばんすごかったですね。

全国から１００人もの方が集まってくださいました。

長　僕自身にとっても、ものすごく重要な旅のひとつでしたし、ほかの方にとってもそうだったのだろうと思います。とにかく、空海、そして坂上田村麻呂、阿弖流為《あてるい》にまつわる人たちが集結しましたね。

章子　長さんが空海様と一緒に遣唐使として唐に渡られていたことを思い出して、チャネリングしたところ、長さんは霊仙という名前のお坊さんでした。霊仙は唐から日本に戻ってくることなく一生を終えているのですが、空海様とも対等なお立場だったようで、初めてご一緒した八ヶ岳のツアーの時からですが、空海様とタメ口で話されるのにはびっくりしましたね。

長　坂上田村麻呂、阿弖流為については、あの時のメンバーのうち半数以上の人が、坂上田村麻呂と一緒にいて首を斬られて生き埋めにされた人でした。その無念だった想いを晴らすことができたこともすばらしかったと思います。

「歌舞伎ＮＥＸＴ阿弖流為〈アテルイ〉」はどこまで理解してつくられた作品なのか判りませんが、少しおかしなところもあるものの、かなりの部分が本当の史実に基づいて描かれています。興味のある方はぜひＤＶＤをご覧になってみると良いと思いますね。

大和朝廷の征夷大将軍、坂上田村麻呂と蝦夷を率いて戦った阿弖流為の物語ですが、本当に良くできています。

あとは阿弖流為の民を救うこともしないといけないのですが、阿弖流為は蝦夷ですから東北ですね。道を逆にたどるとなると遠くなく北海道へも行かないといけないかもしれません。

章子　スピリチュアルなお仕事に携わっているひとつの目的であるようにも思えるのですが、阿弖流為のように日本の歴史の中であまり取り上げられない、虐げられた人たちの無念さを理解して、彼らが天へ帰還できるお手伝いをしないと、日本は次の次元に行けない気がするんです。

長　実はそれに気づいて、実際に行ったのが空海なんです。桓武天皇・淳和天皇・嵯峨天皇と3代の天皇に仕えながら、鎮魂を続けたんですね。

章子　では、私たちはさながら空海様の意志を継ぐものといったところでしょうか。

長　空海が行ったことはもうひとつあって、彼は人間というのはある一定のバンドに収まらなくてはいけないという考えを持っていたんです。そして、その一定のバンドを作り出すために、悪い物はもちろん、実は良いものも封印したんです。当時の人たちでは使いこなすことができずに、逆に毒になる可能性が高かったんですね。

章子　つまり、良すぎても悪すぎても毒になるということですね。

長　そうです。でも、当時に比べれば人間もずいぶん成長してきたので、そろそろ封印を解いてもいいだろうというのが、今の空海の考えのようです。今のように多種多様な人間が現れてくれれば、良い部分を汲み取って使える人間もいるし、悪い部分を救ってあげる人間もいる。それならもう、封印そのものが要らないのではないかというのが空海の考え方になってきているんですね。

章子　そういった流れの中でゆの里のお水も湧いてきたのかもしれませんね。

長さんと重岡社長の話はいつも知恵の応酬で、いつも目を丸くしてその壮絶な会話のラリーを楽しむのですが、ゆの里で数年前に見つかった銅水に関するお話はすごかったですね。

重岡社長は自らを「お水の番人」とおっしゃって、同じ場所から湧き出る「金水」「銀水」「銅水」という３つの役割が異なったお水を大切に管理、提供され、またお水の大切さを広く発信されています。

ゆの里は白鳳期から奈良時代にかけて隆盛を誇った「神野々廃寺跡」にあるのですが、施設の隣にはまだその痕跡が感じられるところがあって、そこで色々と思い出されたんですよね。

長　神野々寺を造ったのが誰かは判りませんが、この寺を燃やし「銅水」を封印したのが自分であるということははっきり判るんです。

なぜ燃やしたのかというと、銅水というのは人の意識をコントロールできるかなり特殊な水なのです。それを当時の僧侶が悪用していて、止めるよう忠告しても止めないものだから、当時の関係者を抹殺し、寺を焼き払い、銅水を封印してしまったんですね。

そして、その水の封印を解かれる時がきて、重岡社長のような「お水の番人」が出てきてくださったので、金水、銀水と共に銅水が湧き出てきたということです。

章子　重岡社長によれば、銅水はどう扱ったらいいかわからなかった厄介な水だったそうです。直感で長さんを連れて行ったところ、いろいろと理由を説明してもらえて、重岡社長にとっても良い出会いになったようで、私もとても嬉しかったです。

私にとって、人をつなぐということは、もう一つの自分の仕事、天命のようなものだと思っています。仕事柄、様々なすばらしい方とご縁をいただくことができるので、それを抱え込まずに、ご縁のシェアをしていきたいのです。

長　章子さんは人をつなぐときの嗅覚みたいなものもすごいですよね。きちんと自己責任で動ける人同士をつなぐし、そこに結果や見返りを求めたりしないのもすごいことだと思います。

章子　ありがとうございます。そう言っていただけるととても嬉しいです。

❖ヒノモトとヤマトが融合された国

章子　最近旅をしていて思うのが、坂上田村麻呂や阿弖流為、蝦夷、それから空海といったテーマで動いているつもりが、すべて女神へとつながっていくようなのです。

長　おそらく、女神で正解だと思いますよ。

男性性社会の歴史上では、どうしても具体的に動いた阿弖流為や坂上田村麻呂がクローズアップされがちですが、女性性の大切さをお話しした時にお伝えしたとおり、鎌倉時代になるまでの日本は女性を中心に回っていたんです。それ以降の歴史では女性が中心から外れてしまいましたが、北条政子や信長の妻・濃姫のように、表には出ないものの政治に大きな影響力を与えた女性も少なくはありません。
そろそろ表面的な男性の活躍を男性性の視点で見るのを止めて、女性性に視点を移して見直していくことが大切だと思いますね。

章子　歴史の見方というか、方向性、つまりここでもベクトルを変えるということになりますね。そうすると本質的なこと、大切なことが見えてくると……。

長　客観視、俯瞰して指針を示すような役割というのは、女性性の担当でしたよね。

章子　馬の手綱さばきですね。

長　そうです。そして、それを古代から実践し、人々を導いていたのが、実は天皇家なんです。当時の天皇家の相関関係というのは、正四面体の状態になっていました。底面の正三角形の頂点にそれぞれ南朝・北朝・東宮があって、上の頂点は特異点として西院があります。

この上の部分はなにが違うのかというと女系で、下の正三角形は全て男系なのです。つまり、西院が頂点にいるからと言って支配者、権力者だということではなく、南朝・北朝・東宮をたえず俯瞰して智恵を与え、的確な判断ができるよう、助けていたということです。それが鎌倉時代以降、西院は機能しなくなってしまい、平面的な男系の流れのみとなってしまってきたのですが、この構造が今大きな変化を遂げようとしています。

章子　それは私たちにわかるような変化でしょうか。

長　一般の人たちに分かるような形での表立った変化はないでしょうね。ただ大きく変わりつつあることは間違いありません。そしてそれに伴って、政治も経済も今まで通りには進まなくなるでしょう。その影響は目に見える形で2020年頃には表れてくるのではないかと思います。

このことに関して言えることがあるとすれば、今のままだと日本は終わってしまうという危惧を持った人たちが、終わらせないために様々な動きをしており、それはこれからも断続的に続いていくだろうということです。

章子　そういえば、昨年（2018年）の7月7日に七夕短冊のお焚き上げをされた時に、上の存在から日本の行く末を暗示するようなメッセージが降りてきたのですよね。

長　目の前に、まるで電光掲示板に縦に流れるテロップのような感じでメッセージが現れたんです。最初に下りてきたのは、「女とはなんぞや、男とはなんぞや」という言葉でした。女性性の時代が始まると言うけれど、女性性の時代とは何なのか、翻って男性性の時代がなぜいけないのかわかっているのかという問いかけのようでした。

そして「それがわからぬなら、人として生きよ」というんですね。

章子　「人として生きる」というのは、男性性と女性性の融合を指しているように思えますね。

長　そうですね。それからさらに電光掲示板のテロップは続き、「ニホンという国はなく、ここはヒノモトとヤマトが融合された国」という言葉が最後に出てきたのです。

「ヒノモト」とは縄文時代の民族を指し、その中心は東北、福島辺りを中心とした国だったようです。「ヤマト」は縄文人と渡来人が混ざり合った民族のことで、西日本に誕生した大和朝廷などの渡来民族を中心とした国家のことを指していると思われます。日本という国は、この縄文民族と渡来民族の両方によって成り立っている国であり、いよいよその２つが本格的に統合して新しい時代が始まるということを示しているのでしょう。平成を経て、日本は「二本《にっぽん》が一つ」となり、本当の意味での調和的な世界となるようです。

そして、ここで気になるのが新しい年号の「令和」です。この「令和」の「令」という文字が命令に通じるとか、綸旨《りんじ》（天皇の仰せを受けて蔵人所《くろうどどころ》から出した文書）に対する令旨《りょうじ》（律令制のもとで出された、皇太子・三后（太皇太后・皇太后・皇后）の命令を伝えるために出した文書）になるので天皇には相応しくないなど、様々な批判もあるようです。

しかし、この「令」という文字は「命」という文字の元であり、上に「雨」が付けば「零」という空からの始まりになり、「麗しい」という言葉につながりますので、これからの女性性の時代に相応しい年号であるように感じます。

章子　私は発表の瞬間、「れいわ」という音を聞いて、まさに職業病だと思いますが、ぱっと浮かんだのは「霊和」、次に思ったのが「零和」という漢字でした。

その後、画面で「令和」と書かれているのを見て、大方の予想を裏切るまったく新しい元号だなと思いました。これまではすべて中国古典からの出展でしたが、今回は万葉集からということも斬新な選択ですよね。日本は新しい国を造るために、大きく舵を切ったという印象を受けました。

その「令」が「麗しい」にもつながる女性性を感じさせる文字だとお聞きして、とても嬉しくなりました。美しい女性性と男性性がバランスよく発揮される世界を目指していくということですね。

❖新時代創造のカギとなる日本の役割

長　先ほど言いましたが、今の日本は男系の三角形によって成り立っており、これがひな型となって世界に波及していますが、これからはそれが女性性に変化します。でも、ひな型というのは要するにひとつの見本なだけであって、世界がそれに従うかどうかは分からないというのが本音です。

なぜなら、世界はまだまだ男性性を引きずっていますし、女性性の時代というものを間違えて捉えて、女性が先頭に立って導くのが正しいと誤解をしてしまう方がいるからです。メッセージでは、そのあたりのことがきちんと分からないと、この世界は終わってしまうという言い方がされていました。

章子　それでは、女性が男性性を発揮しようとすることになってしまうということですね。女性の中にも男性性の強い方はいらっしゃいますが、それでは女性性の時代とは言えないですよね。

長　そうなんです。これまで何度もお話に出てきたとおり、女性性の時代というのは男性性と女性性が馬と騎手のような関係性で進んでいく時代です。騎手の上手い手綱さばきによって、あくまでも馬が自分の意思で走っていると錯覚させることが大切です。それを騎手が力ずくで思う通りに動かそうとしたり、自分がトップに立って強引に進めようとすれば、当然ロデオ状態となってしまうので上手くいくはずがありません。
日本という存在は確かにひな型なのですが、それは世界のトップに立って引っ張っていくという意味ではなく、お手本となってそれを元に世界中に見せていくのが日本の役目なのではないのでしょうか。

章子　日本が世界で果たすべき役割は長さんや私がセッションで心がけているのと同じ、ナビゲーターなのですね。日本の特性を考えると、リーダーになるというのには無理がある気がしていたのですが、それならしっくりきます。
でも、日本の中では、そういう理解がまだきちんと進んでいない気がします。西欧的な思考に占められているせいでしょうか。

長　これから数年の内に意識の移り変わりが激しく起こってくると思いますし、このままだと、どうしてもそれに伴う争いが起こる気がします。これは男女に関わりなく、男性性が強い人たちが自らの権力を握ったまま離そうとしないからです。
たとえば、幼稚園児くらいの子がオモチャで遊んでいて、それに飽きると次のオモチャで遊び始めたりしますよね。でも、違う子どもが最初に遊んでいたオモチャを使おうとすると、特に男の子に多いのですが「それは僕のオモチャだ！」と言って抱え込んでしまったりするのに似ているように思います。

章子　つまり、今の世界というのは幼い子どものように未成熟だということですね。もう少し大きくなると、それはもう次の人が遊んでもいいとか、一緒に遊ぶのも楽しいとか、自分はもっと違うものを見つけようとか、そういう意識が芽生えてくる。そこまで成長していかないと。

長　その通りで、仮にオモチャを富に置き換えれば、もう遊びあきたはずなのに抱え込もうとする男の子と同じで、富が一部の人に集中して経済が停滞するだけです。もちろん、商売をするからには儲けなくてはなりませんが、自分だけが儲ければいいという発想では、他の子どもたちの遊ぶオモチャがなくなってしまうのと同じですよね。

ここでオモチャをお金に置き換えると、また別のことが見えてきます。遊ぶオモチャがない、つまりお金がないという人は、いくら欲しい物があっても買うことができませんよね。商売している人から見ると、買ってもらえないということになり、それでは富は増えていかなくなってしまうんです。つまり富を増やすためには、その富を分け与えることがとても大切なんです。オモチャを手放す行為ですね。

章子　つまり、社会全体が幼児性を抜け出して、すこしお兄さんお姉さんになっていくということですね。そして、そうなることで皆が豊かになっていって、結果的に争いがなくなっていくというイメージでしょうか。

長　これからの世の中はそれが主体となるように変わっていきます。

　ただし、これまでに何度も、世界の中で日本がうまくやっていくためには母親の視点に立って諸外国に接していけばいいと言いましたが、それができるかどうかが、日本だけではなく世界全体の今後の行く末にとって大きなカギになると思います。

第4章　観自在のミッション・ナビゲーター

❖スピリチュアルとの遭遇

章子　私は1998年からチャネラーのお仕事をさせていただいてきたので、もう21年目ということになります。当時はまだ「精神世界」という分野が、少しずつ広がり始めた頃でした。

長　まだ日本ではスピリチュアルが根付いていない頃からですから、いろいろとご苦労があったでしょうね。

章子　現在ほど世間的な認識もされていませんでしたし、ましてやそれをお仕事にするとなると、かなり難しい状況だったと思います。今となっては私も未熟だったと素直に思えますが、軌道に乗ったと思えるまでの道のりは長かったですね。

私は生まれながらに見えない世界との交流があった長さんと違って、ごく平凡な公務員の娘として生まれ育ち、高校、短大を出て普通に就職してOL生活を送っていました。でも、ずっとパソコンを触っているような仕事だったので、今でいうところのストレートネックになってしまったんです。身体の背面がガチガチに動かなくなって、寝ても起きても疲れていて、どこへ行っても治らないというような状態が続きました。

結局、雑誌で見かけた東京の整体の先生のところに2カ月通って元気になったのですが、その先生が一番大事なのは「愛」だとか「氣」だとか言う不思議な方で、それがスピリチュアルとの最初の遭遇になったように思います。

長　何がきっかけとなって、精神世界に目覚めるようになるのか判りませんが、そのようなことも往々にしてあると思います。

章子　そうですね。でも、まだその段階ではそんな不思議な世界もあるのかな、程度の気持ちだったのですが、ある日、図書館に行った時に、おすすめの本のコーナーに置いてあった本の表紙の顔写真と目が合ったんです。そして同時に声が聴こえました。「私の本を読んでね！」と。

たしかに聞こえたんです！本当にビックリしましたね。シャーリー・マクレーンの『ダンシング・イン・ザ・ライト』（角川文庫）という本でした。

シャーリー・マクレーンが女優さんだということは知っていたのですが、その本には過去世のことや魂が永遠だということなど、スピリチュアルなことが書かれていて、私はその世界観にどんどん引き込まれていきました。この本が本格的に精神世界に傾倒していくきっかけになったように思います。20代前半の頃ですね。

長　有名な『アウト・オン・ア・リム』（角川文庫）の続編にあたる小説ですね。そのあとはどんな出会いがあったのでしょう。

章子　TM瞑想（マハリシ・マヘーシ・ヨーギーによる瞑想法）ですね。顕在意識と潜在意識、その下に宇宙意識があって、その一番根っこのところで人はつながっているんだよということを瞑想を通じて教わりました。

TM瞑想というのは、インドのヒマラヤの高僧が代々伝えてきたことを広く世界中に知らせるもので、多くの著名人も実践していることで有名です。実は今もやっているのですが、TM瞑想を実践することによって次々とシンクロニシティが起こってくるということを20代の初めに経験して、まさに目からうろこが落ちたんです。

でも、今でこそ「マインドフルネス」ということで瞑想をすすめる本が普通に読まれるようになりましたが、30年前にそれを分かってくれる人はほとんどいませんでした。また、ちょうど同じ頃に、TM瞑想の教室のすぐ近くにオウム真理教の事務所があったんですよね。

マハリシと同じように髪やひげが長くて服装も同じような男性のポスターがあちこちに貼ってありました。でも、自分でも不思議なんですが、なぜか「ここだけは行ってはいけない！」と強く思いました。本能的な嗅覚、としか言えませんが。

長　もしそこでフラッと行っていたら、指名手配されていたかもしれませんね(笑)。

章子　本当に、危ないところだったと思います(笑)。

とにかく、そんなふうに自分の嗅覚……、格好よく言えば直感ですね。それだけを頼りに、いろんな先生のところへ勉強しに行きました。1~2年通っていると、ここはもう卒業だというタイミングがわかるんです。あの当時はまだインターネットがなかったので、講演会へ行った時に配られているチラシがとても大切な情報源でした。

そうしてずっと渡り歩いていくうちに、地元兵庫県で阪神淡路大震災が起こりました。被災地のあまりにもひどい状況にショックを受け、祈っても瞑想しても何にもならないじゃないかと愕然として、しばらく精神世界から離れたりもしました。象徴的だったのが、本棚から本が全部落ちてきたんですよね。どんなに知識をため込んでも何にもならないということを強く感じました。

長　その時の章子さんは、スピリチュアルに偏りすぎていたのかもしれませんね。どのくらいの期間、離れていたんですか?

章子　半年くらいだったと思います。スピリチュアルに傾き過ぎているという感覚はたしかにありました。

瞑想の世界に浸ってしまって、ともすればヒマラヤにこもりたいという感じで現実逃避しそうになるんです。でもある時、それはちょっとおかしいだろうと思いました。スピリチュアルを学ぶのは現世を幸せに生きるためのはずなのに、目の前にある世界、自分の生まれた日本を否定するということに、疑問を感じ始めたんですね。

スピリチュアルの世界に戻るきっかけになったのは、神戸の震災と同じ年の秋に知り合いが八ヶ岳の身曾岐《みそぎ》神社で開催された４００人くらいのイベントに連れて行ってくれたことです。当時とても有名だった故・知花敏彦先生を中心に有名なゲストがたくさん来られていたんですが、その中のある先生の講演がとてもおもしろかったんです。

ビジネスに寄り過ぎてもスピリチュアルに寄り過ぎてもいけない、中庸が大切だというお話だったので、当時の私の思いにすごくマッチしたんですね。

長　その時から八ヶ岳にご縁があったということですね。

章子　なんのご縁か分かりませんが、八ヶ岳に行くと人生の大きな転機が訪れるというのはどうもたしかなようですね。

この時に始まったご縁は長く続いて、なんと14年間もその先生の講演会を主催しました。

❖チャネラーとしての覚醒と三十三観音カード

長　では、その途上でチャネラーとして覚醒されたということになりますね。

章子　ヒーラーを養成するという講座に参加していたのですが、1998年3月にハワイのマウイ島に行った時、突然、ハレアカラ火山の精霊の声が聴こえてきたんです。「ハートをオープンにしてください」というメッセージでした。

そして、その夜にあらためて見えない存在に来ていただいて、メッセージを受信するという初めてのチャネリングをしたのですが、なんとその翌日から、生業としてチャネリングをするということをスタートしました。観音様や聖母マリア様、お釈迦様やイエス様など、クライアントのご希望に合わせてマスターに降りて来ていただきメッセージをお伝えする、ということをやり続けていきました。

ちょっと前までは普通のOLだったのに、突然、神様の声をお伝えするということになったのですから、最初は戸惑うことばかりでした。会社も創業したばかりだったし、経営なんて右も左も分からない状態ですから、今にして思うと、あちこちにご迷惑をおかけすることばかりだったと思います。

長　章子さんは降りてこられたマスターが体にストンと入ってしまう、いわゆる憑依型のチャネラーなんですよね。

章子　そうです。チャネリングの時、観音様が降りたときの笑みとマリア様が降りたときの笑みは、口元の形が違うそうです。自分では絶対に見えないので悔しいのですが。

長　チャネリングでは、その時その場に必要なアセンデッドマスターが降りて来られる感じなのですか？

章子　そういう場合もありますし、ご自身で選んでいただくこともできます。観音様、聖母マリア様や、お釈迦様、イエス様や空海様も。

長　章子さんがすごいのは、そういう憑依型のチャネラーなのに、その時のことをしっかりと覚えていらっしゃるんですよね。

章子　おっしゃるとおりで、私のような体にストンと入ってくる憑依型のチャネラーは、通常チャネリングをしている時の記憶がない場合が多いそうです。でも、私の場合はしっかりと憶えているので、素に戻った時に解説ができるんですね。

逆に記憶があるチャネラーというのは、憑依するのではなくて「今、マリアがこういうふうに言っています」と対話するような形式がほとんどなのだそうです。以前、ハワイのマウイ島でのワークショップで公開チャネリングをしたことがあって、チャネラーがたくさん活動しているマウイでも、私のようなタイプは珍しいと言われました。

長　ところで、最初のうちはチャネリングが中心で、カードを使ったセッションではなかったのですね。

章子　はい。数年間はチャネラーとしてひたすらメッセージをお伝えするという活動をしていました。でも、チャネリングでセッションするためには、神さまに来ていただけるように人のいない静かな空間が必要だったので、当時は場所の確保が大変だったんですね。

そこで、チャネラーになって数年たった頃に、初めて本格的なチャネリングをした時に降りて来られたのが十一面観音さまだったことから、観音様のカードを作ってはどうだろうという話が出てきたんです。そして、観音様といえば、三十三間堂とか三十三観音とか「33」という数字を大切にされているようだから、観音様の33種類の絵を探してきてカードにして、カードでセッションができるようにしたらおもしろいんじゃない？ということになりました。

少し調べてみると、三十三観音とは、江戸時代の半ばに体系が作られて、『仏像図彙《ぶつぞうずい》』（土佐秀信画・全5巻）という本に、この観音様はこういう姿形です、こういうものを持っていますということが示されているんです。早速本屋さんで探してみたら、三十三観音が掲載された本がすぐに見つかったので、その絵を和紙にコピーして、パウチして、即席のカードを作ってカードセッションをスタートさせました。

長　カードを使うことで、セッションに変化はありましたか？

章子　カードを使うようになったことで、様々な要素が可視化できるようになり、セッションが一気に進化しました。

そこで、本格的にカードセッションをやっていくにあたって、コピー元の本には「無断複製を禁ず」とは書かれていなかったものの、やはり勝手にコピーしたカードを使ってはいけないので、きちんとオリジナルを作ろうということになり、いくつか作っていまのカードに落ち着きました。

ちなみに今のカードは、観音カードを学びに来られていた松山にお住まいの方が仏画の心得がおありで、半年ほどかけて三十三枚の観音様を全て切り絵にして描いてくださいました。それぞれの観音様のことをしっかり学んでおられたので、どの絵も観音様の個性がしっかりと表現されていて、グレードが各段に上がりました。そしてそれによって、やはりセッションの質も上がったように思います。

長　章子さんの成長にあわせて、カードもバージョンアップしていったということですね。

章子　そうですね。

２０００年ごろだったと思うのですが、京都にオフィスがあった時に、ひょんなことから経営コンサルタントの船井幸雄先生とご縁をいただきました。お会いするたびに「ちょっとカードを引かせてくれないか」とおっしゃって、何度かメッセージをお伝えさせていただきました。

ご著書で紹介してくださったり、講演会やセミナーに講師として呼んでくださったり、駆け出しの若輩者を何かと応援してくださいました。3年連続でフナイオープンワールドに登壇する機会もいただいて、たくさんの仲間たちと大きなブースを連ねて出展するなど、貴重な経験も積ませていただきました。

そんな幸せで充実した期間を過ごさせていただいたのですが、やっぱり卒業だなという時はやってきて、２００9年に、お世話になった先生から独立することになりました。

ここまでのことは以前、自費出版で出した本に書いているのですが、独立してからその当時の話はほとんどしてこなかったので、かなり久しぶりにお話ししました。

❖独立という名の長く厳しい修行

長　たしかに、初めて聞くことばかりでしたね。独立するということに対して、不安などはなかったのですか。

章子　私はもともと開拓者気質が旺盛で、新しい人とご縁を紡いでいくことは苦になりませんでした。むしろ、それが楽しくてしかたないというタチなんです。というのも、父が転勤の多い公務員だったので、だいたい3年おきに学校が変わるような生活をしていたんですね。だからいつのまにか順応性が強くなったんだと思います。

どんなグループや組織に入ってもすぐに友達を作ることができるので、組織を出ても一匹狼で食べていける自信はありました。もしかすると、組織に所属するのは向いていなくて、一人で自由気ままにやっている方が合っているのかもしれません。

余談になりますが、独立を考え始めた頃に「志士の会」という会に誘われて、そこで初めて滝沢泰平さんに出会ったんですよ。まだ天下泰平ブログを書き始めたばかりで、スーツ姿でサラリーマン色が消えない頃でしたね。

長　まだスピリチュアルとは縁遠い頃ですね（笑）。

章子　船井幸雄先生が一番お元気だったころというのは、各地に出かけて行って、こんな人に会って、こんなものを見つけてビックリしましたというお話を、たくさんご著書でご紹介されていましたよね。あの時、それをこれからブログでやっていくのが泰平さんだなと思ったんですよね。非常にフラットに、どの先生にも偏り過ぎず中立な立場で紹介しているなと感じていたので……。

長　その当時からそういうふうに直感されていたというのはすごいですね。
では、独立後はどんなふうに活動されたのですが？

章子　独立というよりもリセットというほうが正しかったかもしれません。手塩にかけて作ってきた大阪の事務所もたたんで、右腕だったスタッフとも別れて、まさに身一つ、三十三観音カード以外は全部手放しました。
でも、私は２００３年からメルマガを配信していて、47都道府県に１０００人くらいの読者がいてくださったんですね。その方々は私が属していた組織や肩書の如何ではなく、三十三観音カードの章子として付き合ってくださっていたのだと思います。だから、後ろ盾のあるなしに関わらず応援してくださいました。

もしも独立して1カ月の間に一人も予約がなければ、「あなたにチャネラーとしての用はないよ」という天意だろうと思ったのですが、いまだに1カ月の間に一件も予約が入らないということは一度もないまま、現在に至っています。

長　それはすごいですね。

章子　ただ、苦労がなかったかというとそんなことはまったくなくて、生きるか死ぬかのスレスレのところまできても、なんとか続けられたというだけの話です(笑)。

というのも、実は14年の間に、海外ツアーに行ったり、引越しを繰り返したり、とにかくものすごくお金を投資したんですね。今となってはそれも必要なことだったと思いますが、独立する頃になっても、まだ8ケタの金額の借入金が残っていたんです。

でも、それがあったからがむしゃらに働けたというのもありますし、何よりクライアン

トの中には中小企業の社長さんも多くいらっしゃるんですね。従業員や借入金を背負うこ
とのしんどさを身をもって知っていることは、大きな強みになってきたと思います。

長　何かを与える仕事をする人というのは、それが出来るだけの経験が必要になりますよね。神戸の震災の時の本棚のお話はまさに象徴的で、知識だけではどうにもならない。人の幸せのためには経済は必要不可欠ですから、そのあたりの学びが章子さんにとって絶対に必要だったということでしょうね。

章子　必要だったんだというのは大納得ですが、本当に長く厳しい修行でした(笑)。
良かったこととしては、仕事の質が格段に上がったと思います。借入金を返さないといけないという重圧があるから、知恵を絞りますよね。でもそれは、お客様からどうやってお金を巻き上げるかというようなことでは絶対になくて、クライアントに本当に喜んでいただく形でいただくお金であることが大切です。売上というものはそういうものであり、これはスピリチュアルだけでなく、すべての経済活動のベースだと思います。
そもそも、私個人がいくらお金が大変だったとしてもそれはクライアントには何の関係

のない話なんです。セッションやイベントは、時間や空間という、いわば目に見えない価値を提供しているわけですから、クライアントを裏切ってはいけないと思うんです。「来てよかった」という満足感を提供する以外にお客様とつながれる方法はありません。がっかりさせてしまったらそれで終わり、お客様は黙って去っていかれます。事業を継続するということは、その満足感を積み重ねていくことでしかないんですね。

それに加えて、スピリチュアルを掲げるからには人間性を整えないといけませんよね。すばらしいメッセージを伝えていらっしゃっても、人間性がガタガタという先輩もたくさん見てきました。「能力と人間性は別もの」と言い切る方もいますが、私としては、そこは反面教師にしないといけないと思っています。

ヒーラー、チャネラーを名乗っていながら、逆に人のエネルギーを奪うエネルギーバンパイアになっている人もいるように思います。依存させてクライアントの自立を奪うやり方は、私は好きにはなれません。何年か通っていただく期間は必要かもしれませんが、いずれは自分自身のセンサーと足で歩いて行くことをどうやってお伝えするか、それが私の役割だと思っています。

長　そういう意味では章子さんの言うところの「ミッションをナビゲートする」ようなチャネラーというのは、なかなかハードルが高いものなんですね。

章子　未熟な私が言うのもおこがましいのですが、やはり簡単なものではないと思います。先ほどもお話したような「目に見えない満足感」、いわば「空なるもの」を提供し続けるお仕事ですから。どこから見ていただいても矛盾のない状態をどうやって体現するか。もはや自分自身の生き方、考え方、在り方の問題です。目標は「観音様」ですから、道のりは果てしないです(笑)。

それにこのお仕事は、事業として考えるだけでは何かが足りなくなりますし、かといって収益を求めないボランティアでもない。このバランスのとり方がとても難しいと思います。この部分については今でもずっと悩み、考え、最善を模索し続けています。

どんな業界でも、創業して10年後に残っているのは7パーセント弱なのだそうです。スピリチュアル業界を見渡してみても、創業して10年後に継続されているのはほんの数パーセントだと思います。私の知り合いも、何人も廃業されました。

❖カードリーディングで見えてくる世界

章子　カードリーダーとしてのキャリアも15年以上になったので、「グループカードリーディング」という、オラクル（神託）カードとの向き合い方をお話しするセミナーも開くようになりました。タロットのことは詳しくないので、タロット以外ならどんなカードをお持ちいただいても良いということにしています。

最近は様々なカードをご自身でお持ちになる方がとても増えているので、このセミナーを入り口にして、カードの面白さを知り、慣れ親しんでもらえたらいいなと思っています。そのうえで、もし本格的にカードについて学びたくなったら、それぞれのカードの先生について勉強していってくださいねというスタンスです。

「グループカードリーディング」が面白いのは、一つのテーマを決めて、みんながそれぞれのカードを引いて、カードのテキストを読みながら、自分のことや気づきをシェアしていってもらうんです。そうすると、自己開示の場所にもなるし、私のアドバイスだけで進めていくよりも多角的な視点からの勉強になるんですよね。

長　それは面白いですね。そういう講座なら、自分一人で勉強しているだけでは分からない、テキスト以上の深い学びができますね。

章子　これは私の中での勝手な流儀なんですが、カードセッションの時には必ずクロスを使います。カードを床や畳の上に置いたり、食事をしたりするテーブルの上にそのまま置いたりする方がおられますが、やっぱりきちんとカードに対して敬意を払う姿勢を整えたほうがいいと思うんです。

長　クロスというのは、結界を張って聖域をつくる役割がありそうですね。

章子　そのとおりです。高価なものでなくてもいいので、きれいなハンカチや風呂敷などを使っていただければと思います。カードを入れる袋やケースも、自分でいろいろ探してみると楽しいですね。

私は、カードセッションとは、カードを通じて神様からメッセージをいただくことだと思っています。だから、セミナーに来られた皆様には、まずカードを大切に扱ってほしいとお話しします。使う道具の扱い方で、そのカードリーダーの力量が現れますよとお伝えしています。

長　カードを通じてメッセージをくださる神様や天使を歓迎する気持ちを持つことがとても大切だということですね。

章子　本当にその通りで、神様や天使をお迎えする空間を作ることによって、メッセージをいただく準備ができる、スイッチが入るというのもあると思います。もう少し付け加えると、セッションの前に音叉を鳴らしたり、アロマオイル入りのスプレーを使ったり、お香を焚くなど、音や香りで空間を浄化するのもいいかもしれませんね。

長　あまり詳しく伺ってはいけないとは思いますが、カードセッションというのはどういう流れで行われるものなのか、さわりくらいなら教えてもらえるでしょうか。

章子　カードには様々な並べ方があって、しかも様々な特徴や読み取り方があるので、どれが正解ということは言えないように思います。それに、今回の対談はカードリーディング講座ではないので、私のカードに対する考え方、捉え方、セッションにあたり大切にしていることなどをお話しさせていただけたらと思います。

私が通常セッションをする時には、主に9枚を並べる形なのですが、基本になるのは3枚引きです。この3枚で「現在」「課題」「未来」の意味を読んでいきます。

長　「過去」「現在」「未来」ではないんですか？

章子　過去は振り返らないタチなので……というのは冗談で(笑)、私の場合は、1枚目の「現在」に、過去の情報も集約して読んでしまうんですね。過去があっての現在ですから、そこを見ていくこととイコール過去も見ていることになるわけです。

そして、この現在を踏まえて、さあ、今から何に取り組んでいきますかという意味での「課題」なんです。さらに、その課題に取り組んでいった結果として、あなたの将来の姿はこうなっていますよというのが「未来」のカードに示されるということになります。

そして、この「現在」「課題」「未来」を細分化して見ていくのが9枚の読み方です。

15年以上前にフナイオープンワールドに出展した時に、上から降りてきました。現在、課題、未来の流れを3回読んでいくのです。

1段階、2段階、3段階と積み重ねて読むことで、さらにパワフルなメッセージとなって背中を押してくれるので、実現する速度が早くなると上からは教えていただきました。今は場合によっては10枚、12枚読みなどもしていますが、今後も精進を重ねて、さらに進化させていきたいと思っています。

長　お聞きしていて、やっぱり過去に大きくフォーカスしないというのは、章子さんらしいなと思いますね。お話ししたとおり、そちらは僕の担当になってきますからね。

章子　はい。それに、過去のカルマなどに関しては、それを解消する必要があれば、「課題」のところにちゃんと出てくるんです。

たとえば、相性診断をしている時であれば、お二人が過去にどんな関係性でどんな出来事があったかというストーリーが聞こえてくることがあります。それでお二人が留意していくべきポイントが明らかになり、なぜ、今生でお二人が出会ったのか、ということまで理解できることもあります。あえて過去生というふうに限定しなくても、必要なときにはストーリーがダウンロードされてくるのです。

長　それは章子さんがチャネラーだというのが大きいですよね。カードではそこまでは分からないですからね。

章子　たしかに、チャネラーの特権ですね。逆に、そこまで聞く必要があるから、セッションにわざわざ来られるのだとも思います。それがプロのカードリーダーとしての役割なのかもしれません。

長　自分で分かる範囲では難しい、人生の転機のような時に、章子さんのようなチャネラーの手腕を借りないといけない場面があるということでしょうね。

章子　本当にたくさんの人が、ご自身の自覚の有無にかかわらず、人生の転機にセッションを受けに来てくださって、驚くような出来事がたくさん起こっています。あまりにも数が多いのでこの対談ではとてもご紹介できませんが、許可をいただいたエピソードをブログやメルマガでお伝えしているので、ぜひお読みいただけたら嬉しいですね。

❖プロを目指すなら武者修行が必要

長　カードを手に取る人の中には、やはりプロになりたいという人もいらっしゃると思いますが、章子さんは「この人ならば」という人にお声がけするのみだとお聞きしました。そのお声がけする時の基準はどういったことなのでしょうか。

章子　２０００年代のはじめ頃までは、特殊な能力を持ち、人からお金をもらって、しかも「先生すごいですね」と賞賛されたいという権威欲、名誉欲、もっと深いところでは自己承認欲求が強い方が多かったかもしれません。もしかすると私自身もその中の１人だったかもしれませんが、期せずしてメッセージを受信できる体質になってしまい、それを伝えることが仕事になってしまったんですね。

そして、今でも時々お見かけするのは、自分のコンプレックスやマイナスを埋めるための方法としてチャネラー、ヒーラーになりたいという人です。人を癒す仕事をしたいと言っているんだけれど、実は自分自身が癒されたいということですね。

そんな中で現在、私がカードリーディングのプロになることをお勧めしたいと感じる方というのは、まず自己充足的であるということです。内面的にとても満たされていて、毎日を明るく楽しく生きている。そういう人は、輝こうとしなくても、自然に輝いているものです。そして、ある程度、自分の中でいろんな問題、課題を乗り越えて解決してきた人であること。それから、とても大切なのは世のため人のためになりたいとい想いを持っている人であることですね。

長　女性性の時代の生き方における大事なポイントばかりですね。

ヒーラーにしてもチャネラーにしても、人に愛や癒しを与え、気づきを促すのが仕事ですから、お話に何度も出てきているとおり、自分が愛に満たされていていないといけませんよね。

章子　講座やツアーをしていると、時々驚くほど熱心に食らいついてきてくださる人がいらっしゃるんですよ。それは私個人に対して食らいついているのではなくて、その時私を動かしている見えない存在に惹かれているのだと思うんです。

与えてもらえるのを待っているのではなくて、私はあなたを通じてこういう本質的なことをつかみたいんですという人は、ほかの方とは目の色が違います。

長　そこは見える見えないというような問題でもないのでしょうね。

その人自身が魂で本質的なものを追い求めていれば、章子さんのような人のところにきちんとたどり着く。プロとしてやっていくのが必要なことなのであれば、そのように運ばれていくということのようですね。

章子　プロを育成するためのレッスンに来られる方には、基本的なカードリーディングのやり方を覚えたところで、とにかく外に出て実際にセッションをやってみることを勧めます。私がレッスンでお伝えできるのは所詮机の上の理論に過ぎないので、それだけでお免状を渡してプロですよということにはならないと思うんです。実際にお客様を前にしてカードを引いてもらってやってみないとセッションをするということの真髄は分かりませんから。

長　武者修行ですね。

章子　そうです。お客様を前にして、うまく説明できなくて冷や汗をかくことがとても大切なんです。最初は言葉が出なくても当たり前で、そんな時はテキストを見ながらメッセージを伝えてもかまわない、でもやっていると必ずテキストに書いていないことも言わざるを得ない状況になってきます。そこで空雑巾を絞るように自分の中のボキャブラリーを絞り出さないといけないような経験をする。それがプロになるには絶対に必要なんです。私はかつての師匠に「1000人ぐらいやってから、初めて泣き言を言いに来い」と言われましたからね。

長　1000人ですか！駆け出しの人が、どうやったらそんなにセッションできるんだろうという数字ですね。

章子　1000人の人に出会って、しかもその方々からお金をいただいてセッションを受けてもらうにはどうすればいいのかを考えるというのが、実はビジネスの基本なんですよね。それくらいの貪欲さでやっていけば、適性があるかどうかも見えてきますし。
　それぞれの状況に応じていろいろと智恵を絞っていただいて、そこはそれぞれに実践して体得してもらうしかないと思います。

長　たしかに、体験してみないと分からないことだと思います。

章子　私が駆け出しの頃に比べれば、スピリチュアルに対する偏見も少なくなっているし、個人でも出展できるような機会も格段に増えています。ただし、経費をしっかり考えて元が取れるまで帰らないぞ！　くらいのつもりでやっていくことが、まずは大切だということですね。
　あとはスピリチュアルなことだけでなく、ビジネス的な勉強も必要だと思います。今は起業家のためのセミナーなどもたくさんありますから。私も考えつく限りの様々な講座に通って勉強しました。

スピリチュアル業界では、お金を払って短時間の講習を受けるだけで「あなたも明日からヒーラーになれますよ」という、お免状制度のようなものがたくさんあるのですが、正直それは難しいのではないかと思います。カードがうまく扱えたりチャネリングができたりするということも重要ですが、人を癒すという目的を考えると人間性の高さは絶対条件です。でも、それをどこでどうやって身に着けるのか。なかなか難しいことだと思いますね。

長　そのようなことを考えながら取り組んでいかないとプロにはなれないということですね。でも、そういう人たちがプロとして育ってくる中で、あるいは育てていく中で章子さんご自身も成長されてセッションの質、フェーズというのもまた変わってきますよね。

章子　それはそう思います。セッションというのは、カードのメッセージを通じて相手に進化や変容を促す仕事ですよね。それをお客様だけに求めるというのは口先だけということになってしまうので、当然自分自身も成長し、変容し続けていかないといけないとは思いますね。それを体現するというのも大切なことだと思います。

そうすることによって、お越しくださるお客様の質が変わってくるというのもあります。最近のお客様はすでに天命、使命を生きておられて、その「確認作業」のためにセッションを受けてくださるという方がとても多い気がします。カードを通じてメッセージをお伝えすることで、転機を迎えたお客様の背中を押してその変容のお手伝いをできることが自分自身の変容そのものにつながっていくというのが、この仕事の醍醐味のひとつかもしれません。

長　こうして伺っていると、章子さんはスピリチュアルな世界でお仕事をしていきたい人たちのひな形のような存在なんだなと感じます。

章子　ひな型ですか！まだまだ途上ですが、最終的にそう在れたらとても嬉しいですね。

❖神がかりレベルのセッションを活かすには

長　それでは、逆にセッションを受ける側の心得のようなものはありますか？

章子　ある程度、質問を箇条書きにしておくなど、情報をしっかり聞く、受け取るという姿勢で受けていただければと思います。でも何よりも大切なのは、自分を隠した状態でセッションに来られて表面的なことだけ話すのではなくて、お互い真剣勝負、本音で話しましょうというのが私のスタンスです。

現状を変えたい、変わりたいからセッションを受けに来られるのですから、過去にとらわれず、柔軟な姿勢でメッセージをきいて受け取っていただけたらと思います。

長　抵抗していると、変化を起こしにくくなりますからもったいないですよね。

章子　本当にもったいないです。セッションで出てくる課題というのは、その人が天命、使命に沿った生き方をするにあたり、最小の努力で、最短の距離で、最大の効果が出せるような行動の方法がカードで示されるんですね。

長　観音様からのメッセージなので、神がかりレベルということも多いですよね。

章子　そうですね。セッションの時に記録シートをつくってお渡ししますが、書かれている未来のとおりになったという方にお聞きすると、平均２年後くらいに実現するようです。そして、そういう方は、ほぼ例外なくカードのメッセージを信頼して素直に無心になって行動されているんです。

これはきっと私のセッションに限ったことではなくて、タロットカードでも、長さんのセッションでも、結局のところ素直に行動することが、メッセージをうまく活用する共通のコツなんだと思います。

それから、すごいなと思ったのは船井幸雄先生にカードを引いていただいた時です。守秘義務がありますので詳しくは言えませんが、その質問力のすばらしさ鋭さに驚嘆しました。人間として自分が用意できること、考えうる限りのことはきちんと全部やったうえで、神様の目から見ていかがですかというご質問の仕方だったんです。

長　すでに行動している、人事は尽くしているということですね。

章子　そのうえで、神様の目線からご覧になって自分に足りないことがあったら教えてくださいという謙虚さも感じて、やっぱりトップコンサルタントというのはさすがだなあと感動しました。このセッションは受けていただいているこちらのほうが学ばせていただいた典型的なケースでしたね。

船井先生といえば、ある時、「先生はなぜこんな若輩者にセッションをご依頼くださるのですか？」とお尋ねしてみたことがあります。すると「あなたはとてもバランスがええからね」とおっしゃってくださいました。駆け出しの私にそう言ってくださった船井先生のご信頼を損なわないように、それ以来そのお言葉を深く心に留めています。

長　さすがは船井先生という感じですね。懐の広さを感じるお話でしたが、それとは逆に出たメッセージに抵抗される方もいらっしゃいますか？

章子　もう何年も前のことですが、カードのメッセージを片っ端から否定して、何を言ってもそれはできないと言い訳ばかりを並べる方がいらっしゃいました。それがずっと続くので「それはあなたが変わりたくないということですから、最後までカードを読んでも無意味だと思います。お金はお返ししますからもう止めましょう。でも、あなたが人生につまずく最大の要因はそこですよ」とお伝えしました。男性でしたが、半泣きになりながら、結局最後までセッションは続けられたのですけれどね。でも、そういう方は本当にレアケースで１０００人に一人くらいですよ（笑）。

長　僕もそういうことはありますよ。僕は加減を知らないので、章子さんよりずっときつい言い方をしているかもしれません。

章子　いや、そういう時は私も負けていないと思いますよ（笑）。要するに、自分の不幸を言い連ねることで、「よしよし、キミはかわいそうな人だね」と、甘やかしてくれる人がほしいんだと思うんです。優しい言葉をかけてお付き合いしてれば、リピーターになってビジネス的には儲かるのかもしれませんし、実際そういうお役割の先生もいらっしゃるのですけれどね。

長　それでは依存を生むだけですからね。

章子　ただ需要と供給というか、そういう状況での学びもあるのだと思うので、それはそれで必要なのだと思いますし、何年かたって、自発的に依存のスパイラルから卒業していかれる方もいらっしゃると思います。

長　それにしても、章子さんの場合は、セッションに来られた方はどんな方であっても一度はセッションをすることになるのですよね。

章子　そうですね。私は申し込んでくださる方はどんな方であれ、私の意思を超えたところで、観音様が派遣してこられた方だと思ってお受けするようにしています。それに、一旦お仕事としてお受けしてお金を頂戴する限りはノーとは言えませんからね。

長　仕事にする、お金をいただくということは、凄みのある覚悟の必要なことなんですね。

章子　それに関連して、プロというものは、安易に無料でセッションをやらないということも肝に銘じている部分です。対価を支払って来てくださっているお客様に対して失礼だということもありますし、頼まれてもいない方に情報を提供しても、結局はうまく活用できないことが多いのです。ご本人が本当に望まれた時にメッセージをお伝えすることで、初めて情報が活かせるようになるんですね。

もちろん、何が何でも絶対に有料で、ということでもないのですが、経済というものが介在することで、互いに背筋が伸びる、ということは多いにあると思います。

❖空海に導かれたカードの陰陽統合

章子　三十三観音カードができたのは２００１年頃なんですが、12、３年使ってきたところで、何かが足りないと感じて、それから5年くらい悩んでいました。日本の神様のカードを使ってみたりもしたのですが、どうもしっくりこなかったんですね。

それが、２０１５年に八ヶ岳での長さんとのジョイントイベントを主催し終えて、ホッと一息ついたところで、唐突に長さんが「カードを14枚増やしなさい」「明王様のカードだよ」とおっしゃるんです。

長　僕が言ったのではなくて、上から言うように言われたんです。最初はカードを増やすようにというだけだったのですが、翌朝すごく早い時間に「その説明では意味が解っていないから、もっと詳しく説明しなさい」と叩き起こされました。

章子　理解力が足りなくて申し訳ないです(笑)。確かにその夜、意味が分からなくて考えていた部分を、翌朝あらためて解説をしてくださって、何もかもお見通しなんだなとびっくりしました。一言の相談もしていないのに、私が何年も悩んでいたことを一瞬で解決してくださったのは本当にありがたかったです。

そして後で調べてみると、明王様は真言宗と天台宗、密教系だけの仏様なんですよね。やっぱり空海様なんだなあと恐れ入りましたね。

長　たしかにそうですね。観音というのは「慈悲」であったり「愛」つまり母親のエネルギーなんですね。子育てを考えると分かると思うんですが、たしかに中心には母親がいるのですが、母親では手に負えないこともありますよね。やっぱりどうしても父親も必要で、その父親にあたるのが明王なんです。

章子　それは本当にそのとおりで、三十三観音のカードはほとんどが女性性のカードなんですね。数枚だけ男性性のカードがありますが、何かもう少し強いカードが必要なのではと感じていたんです。

でも、後で思ったのは、たとえば30歳そこそこの人間が、いくらチャネリングの結果とはいえ明王様のようなエネルギーで厳しいことを言ったら、上から目線だとか生意気だと言われてしまうんです。でも、それが50代だとしたら、同じことを一言一句違えずに言ってもやっぱり説得力が違います。

長さんが私に「明王様だよ」とおっしゃったのは私が48歳の時だったんですね。その後カードを創ってくださった松山の作家さんに依頼すると、せっかくなのでこれまでのカードもリニューアルしてくださることになって、１年弱かかって、さらに進化し47枚になったカードが仕上がりました。まさに50歳になって、私もようやく父親のエネルギーが出せるようになってきたということだと思います。

長 偏りのない陰陽がそろった良い状態になりましたね。観音のカードが33枚、明王のカードが14枚で、合計47枚ですね。たとえば「いろは」の合計は47音、「ん」を入れると48音ですが、「ん」で始まることはないので、「ん」は陰の存在となっています。日本列島も47都道府県、今は日本ではないですが台湾を足すと48となり、日本の龍体が完成します。48枚のカードとしてしまうと、カード自身にまったく偏りのない状態で完成してしまうため、最後の1つはカードにできないのです。

章子 やはり数字にも大きな意味があるのですね。

長 もちろんです。そして、それぞれの観音や明王にも様々な意味やエネルギーがあるのですが、カードセッションでのメッセージはその時々で違うものですから、章子さんから直接、その時に必要なメッセージとしてもらうのが一番いいと思います。

❖観自在のミッション・ナビゲーター

章子　長さんはもちろんご存知だと思いますが、観音様の語源は「音を観る」ということですね。では、この「音」とは何かというと、衆生《しゅじょう》の声のこと、つまり生命のあるすべてのものの声を聴くことというのが観音様の語源なんです。

以前、このことを本当に体験させられたセッションがありました。まだカードを使っていない駆け出しの頃で、当時は1時間のチャネリングで1日10人ほどのセッションをしていたんです。

長　それは大変ですね。

章子　ずっと同じ姿勢でいないといけないので、それが大変でした(笑)。ご挨拶してからありがとうございましたと言うまで、きっかり1時間だったんですが、ある時、なかなか質問が始まらない女性がいたんです。

観音様に降りてきていただいて、「あなたの質問は何ですか?」ということになってから、普通は5分ほど身の上話をしてから質問となり、観音様がお返事をされるのですが、その方は30分過ぎても40分過ぎてもずっと身の上話で一向に質問が始まらない。

そのうちに私も焦ってきて、「観音様、時間がなくなってしまいます。どうしましょう?」とテレパシーで送りますよね。すると「黙って座って聞いていなさい」と返ってくるんです。仕方なくお話を聞いていると、50分くらいたった時に、ご本人がはっと気がつかれて。すると、そこから残り数分で、観音様がその人に必要なことをすべて集約してお話ししてくださったんです。

そして、何より驚いたのが、帰り際にその女性が「ありがとうございました。本当に良いお話を聞かせていただきました」とおっしゃったことです。50分以上、延々と自分が話し続けて、実際の観音様のお話はほんの5分足らずだったのに!

長 つまり観音様は、その女性の声を聞かれたわけですね。

章子 観音様はその方の言いたいことをすべて聞いて、そのうえで必要なことを一言に込められたんです。そして、その女性も、心に溜まった感情をすべて聞いてもらったからこそ、その一言が深いところにスッと入ったんだと思います。

セッションの後、観音様にたった一言「聴いてあげなさい」と言われました。「聞く」のではなく、「聴く」のです。その人の心の中に降り積もった不満や不安、そんな不要な不浄なものを、ただひたすらに聴くことで消して差し上げることができるんです。そして、聴いてもらうことで満足感や安心感が生まれて、そこに信頼関係ができていくんですね。その信頼があってはじめてその人の言うことを素直に聞くことができる、腑に落ちるようになるんだと思います。

長　それは本物の愛ですね。

章子　そうですね。観音さまの慈悲の心ですね。

私はそれまで、降りてくる情報をとにかくすべて伝えるのがチャネラーの仕事だと思っていたんです。でも、その女性のおかげさまで、聴くからこそ伝えて差し上げられるんだということが分かりました。いろんな場面で、私がいつも自分が話すよりも聞き役に徹してしまうのはこの時以来の習性なんです。

長　だからツアーの時は僕の話ばっかりになってしまうわけですね（笑）。

章子　長さんは伝えたいこと、伝えなければならないことが山のようにある方なので、とにかく気持ちよく長さんにお話ししていただくことに徹するのが私の仕事だと思っています。でも、それだと対談にならないので今日は負けずにしゃべりますよ（笑）。

長　チャネラーとクライアントという関係性ではなくて、対等な話し合いの場合でも、お互いに気の済むまで話し合うことで深い信頼関係が生まれて、それによって新たな展開が出てくるものです。

　でも、それをする時にもベースにまず相手の話を聞くという姿勢を持っているかどうかがものすごく大切になってくると思います。人としての思いやりであり、度量ですよね。ところで、今でも話が長いクライアントさんは多いんですか？

章子　いらっしゃいますよ。私も聞きながらこちらからお話しするポイントを絞っていくんですが、物理的に時間が足りなくなる場合は引いていただくカードを減らすこともありますね。でも、それは逆に考えると、受け取ることのできる情報量というのが人それぞれにあると思うので、それでいいんだと思います。

長　そうでしょうね。おしゃべりを少なくしてメッセージをたくさんもらうぞ！と意気込んでセッションを受けても、エネルギーが降りてきている空間は、その人が丸裸になってしまう状態ですからね。

章子　良い格好なんてできないんですよね。どんなに構えていても本音をポロっと言ってしまったりします。

本音と言えば、観音様やマリア様の前で嫁姑の罵詈雑言みたいなことを平気でおっしゃる方がいて、間に立つ私はめまいがしそうになることもありました。でもマスターたちはそういう時、決してその人を頭ごなしに叱りつけたりはなさらないんです。そういう時は、その方に対して、とても丁重に接するんですよ。「あなたはとても優しい人ですからね」と。「そういうあなただからこそ、お姑さんにはこういうふうにして差し上げられませんか？」とお伝えになるんです。すると、心にスッと入っていく。たおやかで優しいマリア様にあなたは優しいなんて言われたら、やってみようかなと思うじゃないですか（笑）。

長　でもそれは、嘘をついているわけじゃないんですよね。

章子　まさにそれこそが神様の方便、その人の本当の性質を引き出す言葉なのだと思います。インナーチャイルドが傷ついていて、幼児のような考え方や振る舞いをする人には、その人が年配の人であっても、子どもに噛んで含めるようなお話をされるし、見事にその人に応じた対応をしてくださる。すごいの一言に尽きますよね。

長　それは逆もまた然りなのでしょうね。

章子　はい。若くても精神的なレベルの高い人には、若造扱いせずに一人前の大人として厳しいことをおっしゃったりもします。でも、それはその人にはその真意が理解できるし、活かせるだろうという愛と信頼によるものなんですよね。

長　まさに観自在ですね。

章子　その通りだと思います。

　今は出てきたカードとチャネリングを合わせたメッセージをお伝えしているのですが、この時に肝に銘じておかなければならないと思っているのは、チャネラーは天界から降ろされたメッセージをただそのまま伝えればいいというものでもないということです。

　もちろん先ほどからのお話のように神様が状況を整えてくださることもありますが、その情報を受け取る相手の状況や、度量を見極めて言葉を伝えないと、人によっては曲解してしまうこともあります。よくありがちなのが「あなたの過去生は○○でした」と歴史上の有名人の名を言われて、ちょっと天狗になってしまうとか(笑)。そんな余計な情報で遠回りをさせてしまっては、メッセージを伝える意味がなくなってしまうと思うんです。だから時に私は、天界から情報を受け取っても、その方にとって最適な時期が来るまでその情報を寝かせておくこともあります。

　そうは言っても私も人間なので、伝えたくなる葛藤に苛まれることも多々あって、本当に客観的にメッセージをお伝えできるようになるには苦労の連続でしたし、そこは今でも修行の真っただ中です。

いずれにしても、神様が言葉を託してくださるということは、チャネラーを信頼して「最適なタイミングで伝えてやってくれ」ということでもあると思うんです。だからこそ、天界、神様からの言葉を発する、伝える、ということに対しては謙虚であり慎重であることが求められると思います。

長 普通の人には見えないものが見える、聞こえるということは、それだけ責任を負わなければいけないことが増えるということですからね。天界と章子さんの間にも揺るぎない信頼関係があるということですね。章子さんの今後のご活躍がとても楽しみです。

章子 実は少し前に借入金の返済から解放されたので、ちょっとこれからどうなるのかなと……。

長 その点は大丈夫です。観自在のミッション・ナビゲーターには天からの要望がどんどんやってきますから、当分お役御免とはなりませんよ（笑）。

第5章　路傍の石として生きる

❖「視える」力が閉じなかった理由

長　ところで、先ほど少し気になったことがあって、章子さんは本当に誰とでも仲良くなれるタイプの人なんですか？
　たしか、初めてお会いしたのは日比谷公会堂だったと思うのですが、あの時はご挨拶もそこそこにササッとどこかへ逃げていってしまわれたと思うんですが……。

章子　あの時は特別です。講演会自体がとても物々しくて、直前になって講演者の方に警察から電話が入ったり、公安が見に来ていたり、本当にすごい会でした。ひどくピリピリしていて会場で会う人がみんな怖いように感じられました。

長　あの時はたしかに、本当に「ヤバイ」人たちがたくさん来ていましたからね。

章子　そういった裏社会のことや歴史の真相にとことん詳しい長さんですが、どういう経緯で今にいたられたのでしょうか？

長　僕の場合は章子さんと違って、物心がついたころには既に普通では見えないものが見えていました。

でも、これって何にも不思議なことじゃないんです。赤ちゃんの頃は誰もが当たり前のように見ているんですよ。赤ちゃんって、まだ何にも見えていないような時期でも、何も無い空間を見ながらキャッキャと笑っていたりしますよね。あれはご先祖様が来て、あやしていることが多いんです。

その能力は、男の子の場合で3歳ぐらい、女の子の場合だと5歳くらいをピークにして、だいたい7、8歳くらいで自分でこの力を閉じるのが一般的なんです。これは自分の人生を歩み出すための準備で、その切り替えのポイントとなるのが親離れです。

つまり、親離れするまでの人生は親が子どもに与える人生なので、まだ自分の人生を歩み始めていないから、三次元的には見えないものが見えたり聞こえたりしても支障がないし、邪魔にならないんですが、いざ自分の人生を歩み始めると、そんなものが見えたり聞こえたりしたら混乱するだけです。だから、その力を閉じて見えないようにするんです。

章子　長さんはどうしてその能力が閉じなかったのですか？

長　閉じないまま生きていく人というのは、たいていの場合、精神面に問題を抱えていることが多いように感じます。僕の場合は、外面は良いのですが実は自己中心的で暴力的だった大正生まれの父親への恐怖からくるものだったと思います。

僕の両親はどちらも実家がものすごく裕福でした。母親の実家は小作人をたくさん抱えた庄屋で、祖母はどこへ行くのにも人の土地を歩かずに行けたそうです。祖母は一人っ子だったので、四国から士族だという祖父に婿に入ってもらいました。

祖父は僕が生まれる前にお酒で肝臓を悪くして亡くなっているのですが、とにかくひどい酒乱で酔うたびに日本刀を振り回し、たびたび警察のお世話になっていたようです。まあ、戦前の話ですから時効だと思うのでお話しするのですが、被害に遭われた方への補償や警察に捕まらないように地域の有力者などに口利きをしてもらうために大金を使い、結局のところ家も土地も無くなってしまいました。

やがて大戦中になると、配給が来ても女房子どもには食べさせず、自分と可愛がっていた犬だけで食べてしまいます。それどころか、ついには子ども達を3年ぐらいの前金をもらって奉公へ出し、そのお金でまた酒を飲み、子どもが耐えられずに逃げて帰ってくると、また別のところへ売りとばしてしまうような人だったそうです。

このように、祖母はとても裕福な家庭から極貧の極みのようなところにまで落ち、最後は心臓を悪くして亡くなったのですが、そんな悲惨な家庭で生まれ育ったのが僕の母親です。

章子　壮絶過ぎて……なんだか言葉になりません。

長　一方の父親も、とても裕福な家に生まれました。元々「長」という家系は栃木県の足利という所に多く、始祖をたどると新田義貞に行き着く家系で、足利尊氏に破れたことをきっかけに平家を頼り、その縁で長谷部という家に婿養子に入ったのが始まりだそうです。

そんな家に生まれた父親は、頭も良く筆も立つ人で、外面が良かったことから、地域の青年団長などに祭り上げられたりもしたのですが、新しい物好きで好奇心旺盛、そのうえわがままな性格が災いして、とにかくどうしようもない放蕩息子になってしまったようです。すっかり呆れた両親から「家の財産を食いつぶした」と、勘当されてしまうような人でした。

たとえば、バイクに乗りたいからといって家出をし、配達に「陸王」というハーレータイプのバイクを使っているお店に勤めていたかと思うと、今度は旅芸人の女性に惚れた勢いで駆け落ちして、旅芸人になった経験もあるそうです。

そんな破天荒な父親は母親と結婚した当初は映写技師をしていたのですが、その頃はすでに両親から勘当され、極貧状態であったようです。しかも、そのような状態であっても、自分で稼いだお金は全部自分で使ってしまうんです。それでは食べていけないからと、母親はずっと働きづめでした。

母親は自分の父親が酒乱でずいぶん苦労したので、お酒を飲む人だけは嫌だということで、一切飲めなかった父親と結婚したそうです。でも、ものすごく短気で、鍋は飛んでくるわ、包丁は飛んでくるわというのが当たり前の生活でした。僕たちを殴る時にも自分の手が痛いからと言って、薪を持ってきて薪で引っぱたいていましたからね。

すっかり長い話になってしまいましたが、僕はそういう中で育ってきたので、自分を守るために力を閉じなかったというより、閉じられなかったんだと思います。

章子　見えないものが見えるということが、生きていく支えになったということでしょうか。

長　いや、それがそうでもないんです。当時の僕は見えない世界の中でも未成仏霊に一番意識が合っていたようで、頭がない人とか手のない人、それに内臓が吹き出している人なんかが見えてしまって、子どもの頃はとにかく夜になるのが怖かったですね。

昼間は見えるといっても光が強いから、透けた状態でぼんやり見える程度だったので、それなら「あ、いるな」くらいで済むんです。でも、夜、特に新月の時が一番嫌で、真っ暗だからくっきりはっきり見えてしまう。そこで、見たくないからまぶたを閉じるんですが、実はそれが最悪で、まぶたを閉じると一切の光がなくなるので、余計に見えてしまうんですよ。

章子　まさに本物のオバケの世界ですから、子どもには本当に怖い経験ですね。肉体の目で「見る」のではなくて、いわゆる第三の目で「視る」だったり「観じる」から、逆にまぶたを閉じたほうが見えてしまうんですね。

長　眠る時に目を閉じるのが怖いので、子ども心に色々考えましてね。マッチの軸をU字状にしたものを瞼につっかえ棒のようにして目を閉じないようにしたのですが、結局白目をむいて寝てしまって、そこでまた怖い思いをするんです。

それから、布団で寝るのも怖かったですね。身体が浮くのはまだいいのですが、底が抜けてストーンと奈落の底に落ちる感じなんです。あっという間に天井が小さく遠くなって、周りが真っ暗になっていきます。これは一体どこへ行っちゃうんだろうという不安や恐怖というのは、ちょっと言葉では言い尽くせないものでしたね。

とにかく、そういう恐怖を四六時中感じ続けた結果、僕はものすごく暗い人間になってしまいました。

❖死ぬことも許されないのか

長　ところで……、こんな話の内容に、皆さんご興味あるんでしょうかね。

章子　もちろん、あります！　興味津々です！

何がどうなって今の長さんがいらっしゃるのかというのは、ものすごく聞きたいことだと思いますし、「視える」ということのすさまじさを知っていただくことも大切なことのように感じます。

というわけで話を戻して、そんな恐怖もありながら、実際の生活もずっと大変だったのですよね。

長　さっきもお話ししたとおり、母はずっと働きに出ていましたから、炊事洗濯は全部僕の役目でした。今でもよく覚えているのは、冬の洗濯。洗濯板で洗うんですが、子どもの力ではなかなか汚れが落ちなくて、でも落ちないと叱られるというのが、氷のような水の冷たさよりも辛かったですね。だから、洗濯機がやってきたときは本当に画期的だなと思って感動したし、本当に嬉しかったですよ。

それに、物心ついたころからアルバイトをしていたので、友達と遊んだ記憶は一切ありません。自転車に乗れるようになった頃からヤクルトの配達をして、身体が大きくなってくると新聞配達を、次に牛乳配達をして、最後はかけもちで全部やっていました。新聞が一番朝が早くて、それが終わると牛乳とヤクルトを同時に配るんです。まあ、アルバイトで稼いだお金は全部父親が取ってしまうんですけれど。

とにかくそんな生活をずっと続けていたので、学校へ行っても何を話していいのかわからなくて、友達をつくることも輪の中に入ることもまったくできませんでした。

章子　比べられるレベルではまったくないですが、そこも私とは真逆ですね。

長　そうですね。実はその傾向はいまだに尾を引いていて、章子さんがそうだったように初対面の人からはよく怖がられます（笑）。でも、表に出るようになってからは、だいぶ改善されてきたと思うんですよ。

とにかく、そういう生活が続いていたので、生きているのが嫌になったというより疲れてしまったんですね。それで二回、自殺未遂をしました。一回目は小学校五年生の時で、走ってくる自動車に、全速力で正面から自転車で突っ込みました。そういう時って、本当にスローモーションのように景色が見えるんです。タイヤのリムがひしゃげて縮み、そのまま膝がボンネットにぶつかって前のめりになって、運転手さんの驚きと恐怖に包まれた表情が見えたので、「申し訳ないなあ」と思っていたら、そのままフロントガラスに突っ込んでその真上に跳ね上がったところで意識が途切れました。

薄れていく意識の中で「ああ、これで楽になれる」と思ったのですが、目が覚めた時には手術台の上にいました。

章子　テレビドラマ、いや映画ですね、完全に。

長　二度目は中学二年生の時で、学校にあった理科の実験用の青酸カリを飲んだのですが、今思えばこれが精神世界に入るきっかけの出来事であったように思います。映画だったらここからが本番ですね（笑）。

その時の僕はある意味すごく冷静で、真剣に決行する日を考えたんです。最初に死のうと思ったのは不吉だと言われる2月13日の金曜日でした。でも、2月11日が自分の誕生日だったので13日に死ぬというのは、「いくらなんでも当て付けがましいよな。そこは避けよう」と考えて、翌月の学期末である3月13日、これも金曜日だったので、この時に死のうと計画したのです。しかし、翌週の16日が卒業式だということに気づいて、「ここで自分が死んだら卒業式どころじゃなくなっちゃうな。それはまずいよね」と決行を断念したのです。

章子　一回目の時にもトラックの運転手さんに申し訳ないと思ったとおっしゃっていましたが、そんな状況でも周りのことを考えるところが、今の長さんの本質につながるなあと感じます。

長　褒められることではありませんよ。何を言ったところで周りの人に迷惑をお掛けすることに変わりはないんですから。まあ、そんなこともあり、結局どんどん延期していって7月13日、この日は金曜日ではなかったのですが、「もう少しで夏休みに入るから、死んでもその間にほとぼりが冷めるよな」と思って、その日に青酸カリを飲みました。ところが、飲んだ青酸カリが古くて死にきれず、死にたくて飲んでいるんだから我慢すればいいのに、もうあまりに苦しくて「助けてくれ！」と叫んでしまったんですね。

章子　叫んでくださって良かったです、本当に。

長　それで、救急車で日本赤十字病院に搬送され、胃の洗浄などの処置をしてもらっている時に声が聴こえたんです。「死ねると思うなよ」とはっきり。

　喉に管を通されてゲエゲエ苦しんでいる最中にその声を聞いて、「ああ、僕は死ぬことも許されないのか」と、本当にやりきれない気持ちになりました。

❖高野山で見せられた過去生

長　許されないと分かっても、やっぱり死にたいという気持ちを捨て切れなかった僕は、翌日パジャマ姿のままで病院を逃げ出しました。そして、病院の前の坂道を下ったところまでは覚えているんですが、次に気が付いた時に池袋駅の東口に立っていたんです。

章子　栃木というお話だったと思うので、そこから池袋まで電車で行くとしたら２時間以上かかりますよね。

長　そうなんです。後に「どうやって行ったの？」「お金はどうしたの？」と聞かれることもあったのですが、僕自身が聞きたいくらいで、本当に覚えていないんです。

その話はさておき、東口からわけも分からずサンシャイン方面に歩いたのですが、そこは交番もある池袋のメインストリートです。それなのに一切職務質問もされずに首都高速道路の下まで歩いて、何気にそこで曲がり、護国寺の方に行ったのです。
　すると、護国寺のところの交差点手前、墓地の入り口のところでいきなり襟首をつかまれました。ビックリして見上げると、そこには坊主頭で体格のいい、どう見てもプロレスラー、若い人は知らないかもしれないけれどアブドーラ・ザ・ブッチャーにそっくりな人がいました。そんな人に襟首つかまれて「来い！」と言われたら、それまで死にたいと思っていたはずなのに、その時もやっぱり怖くなりましたね。それでそのまま車に放り込まれて、連れていかれたのが高野山なんです。

章子　待ち受けていたという感じですから、選ばれて連れて行かれたということでしょうか。

長　今にして思えばそうなのかもしれませんが、その時はわけも分からず、ただ言われるままに従っていただけでした。そうして僕は、高野山の金剛峯寺に何カ所かある阿字観《あじかん》という瞑想をする場所のひとつへと連れて行かれたんです。そして、前田正武先生という権大僧正《ごんのだいそうじょう》の前に座らされました。

前田先生からは「なぜここに呼ばれたのか解るか?」と聞かれたのですが、そんなこといきなり聞かれても解りませんから、正直に「解りません」と答えました。すると、「そうか、お前ならわかると思ったのだが」と言われたんですが、解るわけがないですよね。

章子　私も前田先生と同意見で、長さんなら分かってしまいそうな気もしますが……。

長　そんなの無茶振りです。解りませんよ(笑)。

それはさておき、前田先生は続けて「じゃあ、参考になるだろうからお前の過去生を見せよう」と言うんですね。僕が「過去生ってなんですか?」と聞くと、前田先生は「お前は今という時代を生きているが、過去の時代にも別の人間として生きていたことがある。過去生というのはそのことを言うんだ」というようなやりとりをしました。その頃は精神世界のことなんてまったく知りもしませんから、何を言われているのか分からず、チンプンカンプンでした。

するとと前田先生から「とにかく目を閉じてごらん」と言われたのでその通りにすると、

すっと手をかざしてきたのが分かり「楽にしなさい」という声がして、それに従うと見えてきたのが、ひとつ前の過去生で、絵に描いたような生臭坊主の映像でした。

過去生の僕は、お寺の山門のところに捨てられた捨て子でした。そして、お寺では子どもを育てられないので近くの農家で育ててもらって、物心ついた頃に小坊主になりました。その恩に報いるためにも早く一人前の僧侶になろうと一生懸命努力し、その甲斐あって若くして阿闍梨《あじゃり》になったのです。

こうして人々を救うために尽力するようになったところまでは良かったのですが、それを続けるうちに自分がしていることが無意味に感じられ、心に魔が差すようになっていったのです。それというのも、心配事の相談に乗ったり病気を治す手伝いなどをしていたのですが、半年一年と経つうちに同じ人たちがまたやってくるんです。そこで「この人たちはお金さえ積めば何でもしてもらえると考えているんだろう。それならいっそ望み通りに楽にしてやろうじゃないか」と、まあ、思い上がってしまったんですね。

そして、そのために使ったのはなんと阿片でした。瞑想していれば極楽浄土が見えるからと言って、お香をたくときに一緒に阿片を入れて部屋を閉め切ったんです。もちろん自分は吸いたくないから外に出ていましたが、その悪事がバレて奉行所に通報され、結局打ち首になってしまいました。

章子　ものすごくリアルに見せてくださったんですね。個人的にはその手法がどういうものなのか、すごく興味がありますが(笑)。

長　それは僕にも分かりませんが、打ち首になったときのこともすごくリアルでしたよ。情けからだと思うのですが、打ち首の時には刀が見えないように白い四角い布で顔を隠してくれるんです。ところが、切られた首が前に落ちるように屈まされた時に布がペロッとめくれて、横目で見たら刀がモロに見えるんですよ。目隠ししている意味が全然ないんです(笑)。

だから切られる瞬間まではものすごく怖かったんですが、一刀両断だから苦しみも痛みも感じなくて「よかった、痛くなかった」と思いました。ところが、ロクなことをやっていないということで成仏させてもらえず、なんと傍にいたアマガエルに憑依（封印）させられてしまったんです。

章子　処刑の場面まで……、さらにそこから、アマガエルですか！

長　そうなんです。何の因果かアマガエルに憑依させられて、カエルの一生を経験することになったんです。

その途中でヘビに飲みこまれて、胃の中でヘビとシンクロしてしまった時もありました。ヘビの目を通して外界を見ることやヘビの生態を知ることになったんですが、２、３カ月たっても消化されずに胃の中にいるのがヘビにとってはよほど気持ち悪かったのか、ぺっと吐き出されてしまいました。

そして、最終的には牛に踏まれて死ぬんですが、めちゃくちゃ痛かったことを覚えていながらも、次の瞬間現世に生まれていたんです。

章子　ひとつ前の過去生だけでもそんなに壮絶なドラマがあったのですね。

長　後になって他の過去生も思い出すようになったのですが、僕ときたら、どれもこれも本当にロクなことをしていないんですね。

それはともかく、過去生を見終えると、前田先生から「何を感じた?」と聞かれたので「よくわかりません」と答えたらなぜか「そうか。じゃあしばらくここで修行していきなさい」と言われて、そこから修行が始まり、10日ほどたった頃に「これからもやるか」と聞かれたので、「できればやりたいです」と言うと「わかった。じゃあこれからは通ってこい」と言われて車に乗せられ、入院していた病院まで送ってもらいました。

❖心は路傍の石たれ

章子　すごく不思議なのですが、病院を抜け出して10日も戻らなかったら、大騒ぎになっていたのではないですか?

長　加緒里にも同じ事をいわれたのですが、戻ってみるとみんな普通なんです。親が騒がないのもどうかと思いますが、一番不思議だったのは医師や看護師も変わりない様子だったので、おかしいなと思いつつも騒ぎになっていないことはラッキーだと思いました。

そして、退院してからのことは今でもよく覚えているんですが、週に一度「青春18きっぷ」を使って夜中に群馬から電車に乗り、何度か乗り換えて高野山に翌朝10時くらいに着きます。そこから夕方の4時くらいまで修行して、各駅停車の夜行で朝の4時40分に東京駅に着き、そこで始発を待って家に戻って来るということを続けました。

その修行は中学校を卒業しても続けるつもりだったので、少しでも高野山に近くなればいいなと思っていたこと。その頃の父親はだいぶ丸くはなっていましたが、それでも家に居ることに耐えられなくなっていたことなどから、親に内緒で全寮制の一部上場企業の企業内高校を受験し、親に了解を得たものの、家出同然の状態で入学を機に家を出ました。

そして入寮から数ヶ月したときに、寮担任が変わるということで生徒全員が集められ、新旧の寮担任の挨拶がありました。そこで新しい寮担任を見ると、なんとあのアブドーラ・ザ・ブッチャーだったんです。

章子　高野山に連れていかれた時の？

長　そう、その宮崎阿闍梨だったんですよ。見た瞬間にえっ？と、まさに目が点になりましたね。それから在学中はずっと、夜になると呼び出されて朝の5時くらいまで修行をして、土日は高野山へ通うという生活を続けました。

章子　修行の中では、膨大な経典、聖典を学ばれたとお聞きしたのですが、ひとつずつ詳しくとはいかないと思うので、私たちが生きていくうえで一番参考になる、学んだほうがいい経典を教えていただけますか？

長　経典ではないのですが、読まれたらいいと思うのは『日月神示』ですね。全ての経典は、必ず枠にはまっているものなのですが、『日月神示』だけはその枠が存在しません。なぜかというと、『日月神示』には主語がないのです。

他の多くの経典は、神と人が明確に区別されていて、それを説いている方の意識が反映されているのにもかかわらず、神様が主語になっているため視点が固定されてしまっています。ところが、『日月神示』には主語がないので読み手の心情や知識に応じて視点が自然に変化し、その時々で捉え方や感じ方が出来るようになるのです。そういった意味で『日月神示』はすごいと思います。

章子　主語がないというのは、とても日本的であるように感じられますし、「日月」というのは陰陽統合を予感させる響きでもありますね。

企業内高校を卒業された後は、いよいよ本格的に高野山に入られたのですか？

長　それがそうもいかなくて、これだけ長く修行を続けているんだから、家族がそれを知らないわけはないと思うんですが、企業内高校を卒業するのを機に「出家します」と置き手紙をして家を出たら、その時になってようやく大騒ぎになったんです。高野山まで親戚が乗り込んできて、「ウチの子をだまして出家させた」と言って大変でした。自分の意志で出家したと言っても取り合ってもらえず、結局修行を続けることを条件に還俗した状態、いわゆる還俗出家という形でやっていくことになりました。

章子　そうして高野山でずっと続けられてきた修行というのが、「裏高野」の修行ということなんですね。

長　正確には、密教の修行と言った方が正しいと思います。漫画などの影響で「裏高野」

という言葉が、意味も理解されないまま一人歩きしてしまっているので、何かとんでもない存在のように誤解なさる方が多いのですが、それは正しくありません。

元々僧侶というのは、人の道を説いたり亡くなった方を成仏させるために力を注ぐ方のことを指します。これを行うことを「仏教」と呼び、それをする僧侶のことを「表」と呼びます。それに対してお祓いや加持祈祷などを専門にすることを「密教」と呼び、それを行う僧侶のことを「裏」と呼ぶのです。

だから、高野山へ行って「裏高野はいますか?」と聞いても、誰もが「そんなものはいない」と答えると思います。でも、「何をしてるんだい」と聞かれて、「加持祈祷をやっています」と答えると「ああ、あなたは裏なんだね」と言われるのです。これが「裏高野」という存在なんです。

章子　「裏」と聞くと、なにかしら怪しい人間社会の闇のような、そんなダークなイメージがわいてくるうえに、長さんは本当に歴史や社会の裏事情についてお詳しいので、いろんな憶測が流れるのかもしれませんね。

長　お祓いや加持祈祷を専門にしている僧侶、キリスト教でいうところのエクソシスト（悪魔に憑りつかれた人から、悪魔を追い出して正常な状態に戻すこと。またそれを行う人）に当たる存在です。

だから、一定の修行を経たところで、僕も必要に応じていろんなところへ行かされました。でもそうするうちに、未熟さがたたって前世の時と同じように「助けてあげている」という気持ちが出てきてしまったんですね。

自分というものをきちんと見つめて、改めるべきところが解っていれば良かったんですが、こちらは命懸けでやっているのに、何度も同じことを繰り返して、お金を積めばいいと思っているのかと、依頼者を見下すような思いに駆られ、バカバカしいような気持ちに支配されてしまったのです。そしてある時、僕はとうとう僧侶を辞めることになりました。

章子　それはお幾つくらいの時ですか？

長　22歳の時です。今にして思えば傲慢の極みでしたが、その当時は思い上がっていたのでそれに気付けず、自分が助けたいと思った人以外の相談には乗らない。相談に対する姿勢は一期一会で一回限り、その代わりにお金ももらわないと決めました。

裏高野では門外不出の口伝で教えられるものがほとんどなので、通常は還俗が許されないのですが、万が一にでも僕が法名を名乗ることはもちろん、高野山の掟を破ることがあった場合には、前田先生がその全責任を負うという条件の下、還俗を許されました。

こんなことになってしまって、お世話になった前田先生に大変な重荷を背負わせてしまったと自分を責めていたところ、別れに際して前田先生からいただいた言葉が「自分を信じろ。そして、心は路傍の石たれ」という一言なんです。

章子　お話ししてくださったのは、前田先生のお言葉だったのですね。

長　前田先生からいつも「他人の言葉に惑わされるな。自分を信じずに何を信ずるのだ。そして主流、本流になるな。お前が世の中を引っ張っていこうとか、何かを変えようなどということをすれば、それは過去生と同じだぞ。それでは結局、世の中を壊していくことにしかならない。その先に待っているのは破滅しかないぞ」ということを言われていました。

別れに際していただいた「路傍の石として客観的に、そしてじっくり周りを見て、必要なときに必要なことを伝えられる人を目指しなさい」という意味の言葉は、自分が世の中を変えていこうとして、何度も失敗してきた過去生と同じ過ちを犯さずに、それを超えていけという励ましの言葉だったと思っています。

❖「祓う」とは「戦う」ということ

章子　本当にすごいドラマで、圧倒されました。

長　そうでもないでしょう。

章子　とんでもないです！　修行中のことをもっともっと詳しくお聞きしたいと思いましたが、何時間どころか何日でも続きそうなのでちょっと我慢するとして、高野山を出られてからはどのように過ごされてきたのか教えていただけますか。

長　その頃には企業内高校を卒業してその企業に勤めていましたから、仕事を終えてからの時間や休日に求めに応じて相談に乗り、アドバイスや必要に応じて加持祈祷などを行っていました。

ただし、呼ばれて行っても助けるか助けないかは僕自身で決めるというスタンスで、なぜそうなったのか、何が必要なことなのかを説明しても理解されない方や、この人にはお祓いをしても意味がないなと思ったら、きっぱりとお断りしていました。

それから、基本は一期一会で、一度かかわった人とは二度とかかわりを持たない。その代わりお祓いや加持祈祷に失敗して、たとえ自分が死ぬことになっても一切恨み言は言わない。一度で改善されるように命懸けでやるから、そこからまた悪くなったとしても二度と助けてもらえると思わないでほしいということを条件にしていました。

章子　お祓いや加持祈祷は命懸けなのですね。

長　そうですね。お祓いや加持祈祷という行為は必ず気の交流を伴うことになります。祓わなければならない相手ですから、当然その気は穢れ汚れており、徐々に自分の中にその汚れがたまって、やがて必ず心身に影響が出てしまうのです。

そのため、修行の最初に教わったのは自分自身を守る方法でした。僕が身を置いていた世界は戦いの世界だったので、自分で自分を守れなければ、そこに待っているのは「死」だけです。だから徹底的に教え込まれるんですが、それが出来たとしても最終的には「布団の上では死ねないよ」と師匠の前田先生からは言われていました。

章子　身につまされるお話でもあります。長さんが命をかけてやっていると何度か言われていたのは、そのことだったんですね。

長　高野山へ行くようになって5年たった頃に、気分が悪くなって吐血しました。急いで病院へ行くと、穿孔《せんこう》になる手前の胃潰瘍だと診断されて3カ月入院しました。次はその5年後なので高野山へ行くようになってちょうど10年目、また胃がおかしくなって病院で胃液を採ってもらったところ真っ赤で、また3カ月入院しました。

3回目はその5年後、今度はマイコプラズマ肺炎にかかりました。当時のかかりつけの診療所へ行って体温を測ると、43度を超えていました。レントゲンを撮ってもらったら肺が真っ白で、また3カ月入院しました。

4回目が阪神淡路大震災の時です。朝5時頃、身体がだるくておかしいなと思ってテレビをつけたんですが、特に何も目立ったニュースはなかった。でもなんだか胸騒ぎがしてテレビをつけっぱなしにしていたら、地震のテロップが流れて、このエネルギーを受けて調子が悪いんだと分かりました。病院に行ったところ肺炎と診断され、また3カ月の入院です。

20年間、5年毎に4回入院しているんです。これが師匠の言うところの「布団の上では死ねないよ」ということなのかなと思いましたね。

章子　今はご体調は大丈夫なんですか?

長　加緒里にそのことを話すと、「祓おうとするからだよ。浄化してあげることを考えて」と言うんですね。それで、「祓う」ことを止めたんです。「癒す」ことをして、浄化するようにしています。裏高野の人からは「お前は裏高野じゃない」と言われましたが、それっきり病気にはならなくなりました。

「祓う」というのは「戦う」ということです。戦うというやり方では、どうしても汚れがたまってしまう、つまりそのやり方は違っているということですね。

❖分相応の痛みを覚えることの大切さ

長　こうして約35年の間そういった形で活動を続けてきたのですが、４年ほど前から無料でしていた相談を、お金をいただいてお受けするような形に変えました。

章子　お金をいただくようになったのには、なにか理由があるのでしょうか？

長　それまでも今も、お金が欲しくて相談に応じてきたわけではありませんし、ましてやお金をいただくことで自分の価値が推し量られたり、判断されるものだと思っていたわけでもありません。

ただ、相談に来られる方の中にはお話しすることを他人事として受け取る方や、興味本位でしか聞かない方もいたりして、こちらは命懸けでやっているのに、その程度しか伝わらないのかと思うとむなしくなってしまうこともしばしばありました。

そんなある時、神と呼ばれる存在の方から「お前は無料でやってきたが、その結果としてその者たちは良くなったか？」と問いかけられたんです。そこでそれまでを振り返ってみると、人生が良くなった人もいるけれど、変わらない人もいる。病気が治った人もいれば、そうでない人もいる。この違いはなんだろう、と考えを進めると、相談に来られる方の思いの差、真剣さの違いだというところに行きつきました。

それで、どうすれば真剣に人の話を聞き、すべきことをやってくれるのだろうかと考えていたら、また神という存在の方から「分相応の痛みを覚えさせることだ」と言われたんです。人は痛みを伴ったり身銭を切って投資をすると、その元を取ろうと頑張るもので、そうすることでやることに真剣さが加わってくるのだと。

だから、お金は自分のやったことの評価や対価としてもらうのではなく、相手に真剣になってもらうためにいただくもので、そのためにわざと負担を強いるためのものだというんです。「それがお前のちっぽけなプライドに邪魔をされてできないようであれば、本当に相手のことを考えているとは言えないだろう」と言われて、その言葉にはぐうの音も出ませんでしたね。

章子　非常に共感するお話です。お金をいただくようになって変化はありましたか？

長　予想以上に変わりました。普通に生きていたら、よほどのお金持ちでもない限り、そう湯水のようにお金を使うことなんてできないですよね。そんな中で決して安くはないセッション料金を支払うのですから、その一回に対する真剣度はやっぱり変わってきます。お金をいただくようになったことで、ある程度の制限は必要なんだ、あった方がいいんだということを実感しました。

ただし、相談に来られる方に対して、これまで以上に責任を持たなくてはならないということも、神と呼ばれる存在の方からは厳しく言われていますし、僕自身も肝に銘じています。

それから、お金をいただくように変えたとき、神と呼ばれる存在から「商売をするなら儲けなければならない。儲ける気がないのなら商売はするな」とはっきり言われました。また、「商売をするからには儲けていいんだぞ。ただし、得た利益をどうやって使うかを考えてから儲けなさい」とも言われました。

つまり、お金は水と同じで、流れて巡るからこそ価値があるのであり、一カ所に貯めて滞らせると腐るだけなんですね。それを考えられない者は商売をやってはいけないということ、これが今も仕事に対する僕の考え方のベースになっています。

章子　今回あらためて長さんの経歴をじっくりお聞きして驚きを隠せません。そしてそれと同時に、長さんと私は両極を担当してきたんだと、しみじみ思います。

生まれながらに見えない存在を感じられた長さんと、まったく見えない状態からスピリチュアルを勉強して聞こえるようになった私。左脳人間の長さんと右脳人間の私。そんな真反対からの視点は以前から感じていました。

でも、それだけではなくて、長さんは僧侶として歩んでこられて、お金をもらわずにセッションをされてきたのに対して、私は神さまの言葉をいかにビジネスに落とし込むか、スピリチュアルを一つの正しい事業・産業として成立させるにはどうすればいいのか、ということばかり考えてきました（笑）。さらに、お金をいただくようになったそもそもの理由というのも、ある意味対極にある気がします。

そんな何から何まで対極にある者同士が、仲良くツアーでご一緒させていただけているというのは、私自身にとっても学びに満ちた本当にありがたい経験だと感じています。

長　こうしてご一緒できていることこそが、女性性の時代の象徴的な流れなのかもしれませんね。

章子　そうですね。そしてそれと同時に、今ここで長さんがこれまでのことを何の隠し事もなくお話ししてくださり、多くの人たちと共有してくださっていること自体が、世の中のために必要な浄化というかプロセスになっている気がします。

❖旅の目的は聖地のバランス調整

章子　ところで、長さんは表に出てこられる前から、聖地と呼ばれる場所も含めていろんな場所を旅していらっしゃると思うのですが、そこではどんなことをしていらっしゃるのでしょうか？

長　色々なところへ出かけていって、その場にとどまっている霊的存在の鎮魂もしているのですが、基本はその場の調整です。世の中には、その場を良い状態にしようとしている霊能者の方々がたくさんいらっしゃって、確かに良くなっている部分もありますので一概に悪いこととは言えないと思いますが、その場のエネルギーがまとまりなく散らかっている状態になっていることも多いんです。

聖地やパワースポットと呼ばれる場所には、入れ替わり立ち替わりご神事のようなことをしにお出でになる方が後を絶ちませんが、そこに行くと逆にみんな具合が悪くなるというような場所になっていることもあります。俗にいう「氣あたり」なのですが、そういったことが起こるのはその場所のエネルギーのバランスが崩れてしまったからなんですね。

つまり、一つひとつがいくら良いものであったとしても、それらが集合したときに必ず良いものになるとは限らないということです。そしてそこで僕がしていることは、バランスが崩れてしまっている状態を改善し、ひとつの形に収まるように調整する。ケーキでいえばミルフィーユのような状態にするという感じですね。

章子　ああ、それは分かります。見えないものが見える、聴こえないものが聴こえると言っても、その人がつながっている次元とか階層のものが見えているのだから、場合によってはエゴが見せている可能性もあるわけですよね。

長　あくまでも自分がやりたいことをやるのではなくて、その土地が何を求めているかということを感じて、そこのバランスをとってあげることなんです。

土地というのは動かないけれどエネルギーは溜まっている、つまりスカラーエネルギーですから、中庸の状態をつくることが一番大切になるんですね。

❖神との邂逅はエネルギーの交流

章子　一般の方たちが、聖地、パワースポットと言われるようなところに行かれる時には、どんな気持ちで行けばよいでしょうか。多くの方が何かをもらいに行くという気持ちだと思うのですが……。

長　一番いいのは、エネルギーの交流をする気持ちで行かれるようにすることではないでしょうか。そこではエネルギーが見えるとか分かるとか、そういったこととは関係なく、エネルギーの交流をすることによって、自分の足りない部分を埋めてもらうこともできるし、逆にその場所に足りない部分を埋めることもできるということです。

でも、どちらにしてもその土地が求めていることと合致していて、中庸になるようにすることが一番大切です。結局のところ、これもベクトルをどちらに向けるかということになりますね。

章子　たしかに、エネルギーとかご利益とかをほしがってばかりいるのもどうかと思いますが、いきなりお酒や塩をまいたり石を埋めたり、自分たちが清めてやるというようなことは不遜以外の何物でもないと思います。よそのお宅に伺って、「このお家は汚れていますね」と言って、勝手にお掃除したりしませんよね。

長　そういうことをやっちゃうとバランスが崩れてしまうんですよね。

章子　神社やお寺へツアーでお参りする際は、きちんとご祈祷料をお納めしてご祈祷の形をとるようにしています。見える見えない関係なく、その場をずっと守ってくださっている神社の方々に敬意を表するのは、そこに伺わせていただく身として最低限のルールだと思うんです。

長　僕が神事を始めたとき、最初に日本中の一宮に行かされ、そこでしてきたのは波動を感じることでした。何故そのようなことを指示されたのか、その時点では判りませんでしたが、寺社仏閣などに行って手を合わせた時に、由緒書きに書かれている神様と感じる神様の波動が違うことがあるんです。何度かそういうことがあって、あるとき神様に聞いてみると「お前が儂のことをそう呼びたいのならそう呼べばいいだろう。ここの者たちは儂のことを由緒書きの通り呼びたいのだから、そう呼ばせておけばいいだろう。それで何か問題があるのか？」と言われてしまいました。

つまり、神様が自ら名乗ることはありませんし、どう呼ばれるかなんて気にもしていないということのようです。

章子　神様は何と呼ばれてもかまわないのですね。

長　そうです。ちなみに一般的に知られている神様の名前というのは、古代王家の方の名前であることが多いんです。また、世界各国の神話に残されている神も、名前は違っても同じ神を指していることがあります。例えばポセイドンとスサノオだったり、波動的にはハーデスとツキヨミなんかがリンクしているように感じます。

ポセイドンやハーデスなどは、ギリシア王朝の皇族の中に存在した名前ですが、オリンポス12神の中ではアフロディーテだけが古代オリエントや小アジアの神様になりますので、扱いが別になると思います。

同じように、日本でも王家の人の名前を神様に使っていることが多いのです。例えば天照大神や素戔嗚尊などがそれに当たるのですが、それは神様に名前がついていないと呼びようがない、不便だということ。それとこの方が神様になったら、きっとこういう御利益があるだろうというそれだけのことで付けられることが多いんです。実際に本当の神様の名前が分かっているかといえば、正直なところ誰も分かっていない。だから、波動を感じなさいということになるんですね。

章子　もうひとつ気になるのは、たとえば行ったほうがいいところ、逆に行かないほうがいいところというのはありますか？

長　基本的にそれはないと言えます。行こうとする場所が山や海などの自然環境の厳しい場所にあり、時として危険な場合もありますが、それはごく希なケースで、通常は危ないところはないと思って差し支えありません。その土地の表層にはいろんなベクトルを持ったエネルギーが渦巻いていることもありますが、自分は何のためにそこに行くのか？自分自身が何を求めているのか？ということを意識していれば、必要な場所に導かれるようになります。
素直さや感謝の気持ちがあれば適切な存在や必要なエネルギーに導かれて、自然に次のステージへとつながっていけるように思いますよ。

❖セッションが一期一会の理由

章子　それにしても、長さんとお会いになるほとんどの方が一期一会となると、こうして何年もお付き合いさせていただいているということが、とてもありがたく感じますね。

長　章子さんとは4年、滝沢泰平さんとはもう8年以上のお付き合いになりますが、こうして長くお付き合いさせていただくことは本当に珍しいです。もともと友達がつくれない人間だというのもあって、長く付き合う人というのは本当に限られたほんの一握りの人だけなんです。
それ以外の人は知人友人の域を出ませんし、今やっているセッションも一期一会で行っています。相談に来られる方には必要なことはすべて伝えるので、ひとつの問題は今この時、一度きりにしましょうと言います。

同じ人が前回アドバイスしたことをやった結果を持ってきて、じゃあこの次はどうしようかという相談はあるけれど、同じことを何度も聞いてくるという人はいないというか、受けないようにしていますね。そして、最終的には相談に来なくてもよくなるのが理想だと思っています。

章子　ああ、それはそのとおりだと思います。

長　いや、章子さんのセッションと僕のそれはちょっと意味合いが違うんですよ。章子さんのセッションはミッション・ナビゲートですから、発展性がある内容ですよね。その人の価値、可能性を伸ばしていくものだから、むしろ定期的に相談した方が良いと思います。それに対して、僕がやっていることはマイナスを消すこと、その人の負の部分を削って、どうやって本来の姿に戻せるのかということなんですね。

負の部分は誰にでもあるものですし、出てくるものですが、本来はその対処方法を知って自分で解消できるようになることが一番望ましいことなんです。僕のところに来なくなるということは、それが出来るようになったということですから、とてもすばらしいことです。それが積み重なっていって、最終的に僕のセッションがやがて無くなっていく、もっと言えば無くなって欲しいと思っています。

章子　私のところにもマイナスというか、後ろ向きな状態で相談に来られる方が時々いらっしゃいますが、その状態ではカードのメッセージをお伝えしてもなかなか変わっていかないんですね。その前に考え方のクセやトラウマの解消など、片付けておくべきことがあります。やっぱりベクトルがどちらを向いているかということは、とても大切なんだなと感じます。

長　そうですね。その点から言えば、自分がプラスのアドバイスとかエネルギーを与えられるかというと、元々の発想がネガティブなので、どうしてもマイナスの面から見てしまいがちです。それなので相談に来られる方のマイナス面を削ることは出来るのですが、プラスの面に力を与えることが出来るかと言われると怪しいわけです。

章子　そういう意味では、私はもちろん、おこがましいのですが長さんにも必要な人生の学びがあって、それに応じた役割があるんですね。

長　そのとおりです。私もまだまだ未熟者ですから(笑)。

章子　私はベクトルがプラスであってもマイナスであっても、スピリチュアルな学びのためだけの活動はなくなっていくのがいいなと思います。スピリチュアルが、もっともっと日常の生活に根差したものになっていくのがいいですね。

いまはスピリチュアルなメッセージを知らない人、大切にしていない人が多すぎるので、過渡期として必要なものだと思うんです。それぞれの生活やお仕事の中でスピリチュアリティを発揮するのが本来の姿であって、それが当たり前になれば、そういったものはいらなくなるだろうなと思います。私ならチャネラーというよりも、チャネリングを使うコンサルタントという感じでしょうか。

長　まさにその通りだと思います。

これは不遜な言い方だと思うのですが、スピリチュアル一辺倒の人を見ると薄っぺらく感じられる場合が多いんですね。僕が本当に凄いと思う方は、現実世界をしっかりと生きながら、自分だけが良ければいいとか、お金がありさえすればいいとか、そういうのはおかしいんじゃないかと気が付いて、自然な流れでスピリチュアルを大切にするようになっている人たちです。

そして、そういう人たちこそが本当の意味で世の中に影響を与え、新しい世の中を創っていくのだと思います。そんな人たちが伸び伸びと新しい時代を創っていってくれるために、僕の能力がすこしでもお役に立つならば、こんなに嬉しいことはありません。

第6章　光を観じ愛に生きる時代へ

❖理想の教育環境はサザエさん一家

長　これまで様々な側面からお話をしてきましたが、現実的に日本をより良い形に変えていくためには、やはり学ぶこと、そして行動を変えていくことが必要になります。そのためには、大人も子どももひっくるめた教育がとても大切なのですが、その教育がなされる場が学校教育の現場はもちろん、個人の家庭においてもまだ作られていないのが現状です。

章子　その通りだと思います。学校教育の変化も急務ではありますが、まずは個人の家庭においては、どういった環境が望ましいのでしょうか？

長　理想は平安時代の家庭、今でいえばサザエさん一家ですね。マスオさんのように妻の両親と同居するというスタイルが一番いいんです。

このスタイルの良さというのは、まず家にいる女性が嫁姑の関係ではなくて本当の親子であるということです。勝手が分かっているから暮らしやすいですよね。たとえ喧嘩したとしても、本当の親子なら仲直りもしやすいでしょう。それに、お婿さんは肩身が狭いと思われるかもしれませんが、親にとって子どもは幾つになっても可愛いもので、娘が大変な思いをしないようお婿さんは大事にされることが多いのです。

また、子育ての環境としても、実の母親がおばあちゃんなら積極的に助けてくれるでしょうし、手助けもお願いしやすいから理想的です。

余談になりますが、欧米では自立心を育てるためにということで赤ちゃんと一緒に寝ないのが一般的ですが、日本では川の字になって寝るのが一般的であるように思います。この川の字で寝ることの良さは、親は子どもの変化を感じ取れること。そして子どもは親の温もりを近くに感じて安心することができることです。日本と欧米それぞれの寝方にはそれぞれ長所や短所があるのですが、子どもの立場で見たときには川の字で寝た方がいいように思います。

核家族になると、女性は子育てを一人でこなさなければならないうえに、いまは仕事もしなければならない人も多いので、何もかもが中途半端になりがちです。そんな状態で、果たして子どもが心身健やかに育つ環境がつくれるのかというと、それは無理な話ですよね。ところが、そこにおじいちゃん、おばあちゃんがいてくれて、それが自分の実の両親だったら、環境はずいぶん変わってくるのではないでしょうか。

章子　お聞きしていて思ったのですが、欧米式の核家族というのが日本の社会を崩壊させたひとつの原因のように感じました。それはもしかして、そうなることを意図してあえて持ち込んできたということでしょうか？

長　もちろんそうです。

もともと日本では、核家族が叫ばれるようになった昭和中期までは大家族が標準で、平安時代までは娘が家を継ぐのが当たり前でした。ちなみに、長男が家を継ぐということを決めたのは徳川家康です。これはお家騒動を未然に防ぐためで、儒教の教えに基づいた朱子学が重用されました。

それまでは、男系に見える時代でも実は家庭だけではなくて組織の中心はすべて女性が動かしていました。先ほど日本だけが民主主義を実現しているとお話ししましたが、民主主義というのは、実は井戸端会議の延長なんですよ。井戸端会議こそが日本の真骨頂と言ってもいいかもしれません(笑)。

章子　笑ってしまいますが、そのとおりですね。目的も目標もない無駄なおしゃべりのようでいて、実はすごくスピードと伝播力を兼ね備えた場なのかもしれません。楽しく話しているうちに空気を読みあって、必要な情報交換をしたり、手助けをしあったりということをしているんですよね。

長　身近なところからそういった原点回帰的な見方、捉え方をしていくと、愛に満ちた自分らしい生き方というのが、自然に見つかってくると思います。

❖選挙は日本を変える具体的な方法

長　それから、国や社会を変えていくのはなかなか難しいことですが、日本の場合は井戸端会議の延長である民主主義をしっかりと機能させていくことが、実は一番の近道になると考えられます。

そして、そのためにとりあえずに誰もができ、効果があると思われる方法が、選挙に行くことなんです。

章子　選挙ですか！　いまの日本では、政治は興味がない、私には関係ない、または関わりたくないという人が多いですよね。支持したい人がいないから投票しないという人も多いようです。

長　たしかに、今の政治を見ていると支持できると思える政党や候補者がいないというのが本音でしょうね。でもそういうときだからこそ、投票に行って白票を投じることが必要なんです。一見すると無効になってしまうので意味がないと思うかもしれませんが、そんなことはありません。実は、政治家が選挙で気にするのは投票率と無効票の数なのです。

そもそも今20代～40代への政策が極めて少ないのは投票者が少ないからで、政治家にとって投票しない人はこの世に存在していない人と同じなんですね。

ところが白票は浮動票であり、それを投じる方々は政治に関心があるわけですから、その動きいかんによっては自分の当落に影響が出てくるので、数が多ければ多いほど無視できなくなってきます。そして、政治家はその浮動票を自分のものにするために、彼らの要望は何だろう？　と考え、耳を傾けるようになります。そういう意味で実際に国を動かす人たちの大きな変化のきっかけを与えることになると考えられるのです。

章子　たしかにそうですね。そういったことをしながら、自分たちが要望すべきこと、目指す未来をしっかりと考えて、学んでおかなければなりませんね。

それに関連して、私としては身近なところからでいいので政治に関心をもって、全国で始まっている本気で日本の未来を考えて活動している政治家たちの動きにも注目してもらい、応援してほしいという想いもあります。

もともとは私自身も政治に関しては無関心だったのですが10年ほど前に異業種交流会で、元吹田市会議員の神谷宗幣《そうへい》さんと出会って、すごく視野が広がったんです。

当時、神谷さんはまだ30代前半だというのに、日本という大きな船のことを思って、それを自分の問題として訴えていたんですね。私がそれぐらいの年の頃は、まだ自分が生きていく事でいっぱいいっぱいだったのに、神谷さんは国レベルのことを考えている……。衝撃を受けると同時に、何か手伝えることはないかと思って、できることから始めていきました。

長　章子さんの女性性というか、愛のエネルギーですよね。そして、即行動するのが章子さんらしい。

章子　そんな大したことはしていないんです。どうしたらいいか分からないので、ひたすらフェイスブックで「いいね！」ボタンを押す程度のことからですよ(笑)。

でも、やがて神谷さんは仲間たちとともに地方議会で孤軍奮闘していた日本中の若手議員を200名かき集めて「龍馬プロジェクト」をスタートさせました。そして、その設立総会に参加して、彼らの熱意や心の純粋さ美しさを目の当たりにした私は、この人たちの心が折れたら日本の未来はないと直感したのです。

それでとりあえず私も会員になったのですが、正直言って始まった頃は、粗削りで、この先どうなっていくか分からない、野武士の集団みたいに見えました。でも、国を思って行動するなら、少なくとも10年くらいのスパンで見ないと結果なんか出ないだろうと思い、そのくらいは付き合うつもりで地方選挙の時などにメルマガやブログで紹介したり、議員さんの生の声を聞いてもらう講演会を開いたりしてきました。

※龍馬プロジェクト(https://www.ryouma-project.com/)

長　僕が神谷さんと初めてお会いしたのは3年ほど前だったかな。章子さんが八ヶ岳に連れて来てくださったんでしたね。

章子　神谷さんは直感で動くタイプではあったのですが、スピリチュアルとか波動といったことについては私からお伝えしたことは全くありませんでした。でも、私は前々から政治家のような人たちこそ、「政《まつりごと》」をする役割として、そういうことをきちんと理解して活かすことが必要だと思っていたんです。

それで、ちょうどあの頃、神谷さんが体調を崩したこともあって、半ば無理やり八ヶ岳に連れて行って長さんをご紹介しました。とにかくこういう人には見えない世界、政の助言者、ブレーンが必要だと思ったんです。

長　3日間まるまる八ヶ岳でご一緒していろんな話をしましたが、その後活動に何か変化は出てきましたか?

章子　その後、女性の参加者が急激に増えたのには驚きました。それから、スケジュールに神社をめぐるツアーが増えましたね。スピリチュアルを毛嫌いするのではなくて、活かそうと考えて私のところにやってきてくださる議員さんたちも出てきました。

関西のある地域では、神谷さんが主軸となって、新たな街づくりのモデルとなる取り組みも始まりつつあるそうです。

長　若い政治家たちの柔軟性とパワーには、目覚ましいものがありますからね。

❖AIを使いこなす「空気を読む」教育を

章子　そうなんです。長さんがさっきおっしゃっていたとおり、教育を変えていくことが急務だということで、その取り組みも活発です。今までの左脳重視の教育だけではなくて、速読などの右脳教育を導入しようとされている自治体もあるそうです。

長　そうですね。ただ、教育に関しては左脳も鍛えないといけませんよ。それに、なにより幼児期には原始脳と呼ばれる部分を鍛える必要があると思うんです。

今の日本で頭のよい子というと、テストで高い点がとれる子、つまりＩＱの高い子ではなく、記憶力のよい子を意味します。記憶力というと左脳だと思われがちですが、実はそんなことはなく、右脳と左脳とでは記憶の仕方が違うだけで、どちらの脳でも記憶はできるのでそこで問題が起きるわけではないのです。

ただ、幼児教育において大脳皮質が動き出す前の原始脳が鍛えられていないと、原始脳が担当する発想、言い換えれば教えられていないことを思いつくという能力が育たず、本当の意味での論理的思考力が培われません。その点に関して、日本は世界から大きく後れを取っていると言わざるをえないのが現状なのです。

元々日本にはすばらしい教育法がいくつもありますが、土台がしっかりしていないので活かすことができていません。それに右脳だけに偏った教育は、脳が追いつかないためにバランスを崩し、おかしな子どもになってしまう可能性があるため、あまり小さい頃からやらない方がいいと言われています。

ではどうすればいいかというと、幼児期には自然の中でしっかり遊ばせることが大切で、それによって原始脳を育てた上で小学校高学年・中学生くらいからその子の特性に合わせた右脳や左脳の教育に取り組むと、その子はガラッと変わっていきます。

章子　いまの教育の流れは「ちょっとでも早い時期に！」というところがありますが、右脳と左脳のそれぞれに鍛えるべき時期を間違えないこと、そしてバランスよく鍛えることが重要だということですね。

そういったことは教育制度を創っていく政治家の皆さんにも子育てするご両親方にも、ぜひ知っておいていただきたいですね。

長　教育と言えば、これから大切になって来るのが新井紀子さんの『ＡＩ vs. 教科書が読めない子どもたち』（東洋経済新報社）に書かれていることが、今の日本社会を典型的に表しています。

新井紀子さんは数学者で、日本で最高峰の大学である東京大学の入試に合格できるＡＩを作ろうという「東ロボくん」というロボットを使って「ロボットは東大に入れるか」プロジェクトを始めた方です。東ロボくんは東京大学にはまだ合格できていないのですが、ＭＡＲＣＨ（明治大学・青山学院大学・立教大学・中央大学・法政大学）クラスの大学にはすでに合格する実力を持っているんですよ。

章子　それはすごいですね。それだけで単純にははかれないかもしれませんが、ほとんどの人の仕事がＡＩに取って替わられてしまう可能性があるということになりますね。

長　いや、本当にそうなっていくと思いますよ。

ただ、この動きは本来は歓迎されるべきものなんです。いまの日本の出生率は１．５を切っていて、出生数もここ数年は１００万人以下になっています。そうすると今後の日本の人口はどんどん減っていって、総務省の発表ではいま一億二千万人ほどの人口が２０４５年前後には一億人を切るということになっているのですが、当然その後も加速度的に人口減は続くでしょう。

章子　そうなると、働き手が足りなくなるということですね。じゃあ出生率を上げようというのは、大切なことではあるけれど繊細で時間のかかる課題だと思いますし、それなら移民をどんどん受け入れようという動きもありますが、それもなかなか簡単な道のりではないでしょう。つまり、その解決策をＡＩに求めるということですね。

長　そうです。ただこの時に大切なのが、人間でなければできないこととＡＩに任せた方がいいことをしっかりと仕分けして、共存していく方法を模索しなければならないということです。そして、人間でなければできないことをきちん理解し、その上でＡＩを使いこなすことのできる人間を育てていく教育が絶対に必要なのです。

それをきちんとやっていかないと、人間が存在している意味や必要がなくなって、誇張でもなんでもなく、最後にはＡＩを使いこなせる人々によって支配される世界ができあがり、極端な話なのですが、このままいけば日本人の読解力のなさが災いして、地図から日本がなくなってしまうのではないかという強い危機感を持たずにはいられません。

そもそも人間とは何なのかと考えた時に、たとえば人間にとても近いというかごく原始的な人間と考えてもいい存在として、ゴリラの生態を見てみると分かることがあります。ボスゴリラが１本だけバナナを持っている時、目の前にお腹を空かせたメスのゴリラがいれば、自分が食べたくてもそのメスのゴリラに渡すという行動をとります。これがＡＩにはできない。

章子　分かる気がします。合理的ではない選択ですね。

長　合理的ではないけれど、私たち人間にとっては分かるなと思える行動、ごく普通の行為ですよね。これは「空気を読む」ということをしているんです。ここで言っている「空気を読む」というのは、自分の想いを曲げて同調するということではなくて、いますべきことをきちんと理解し行動するということになります。

　そういう意味で、今の日本の子どもたちの中には空気が読めない子が意外に多いんです。メスのゴリラがお腹を空かせていることに気づかないか、気づいたとしても自分には関係がないとか、自分のお腹が空いていることの方を優先するような判断をしてしまうんですね。それは間違った判断とは言えませんが、ＡＩと変わらないということになってしまいます。

章子　日本は欧米の強い影響下にあってどんどん利己主義的になっているように思います。それが教育とか大人の生活の現場でも顕著になっている。これはＡＩもそうですが、大人とか子ども関係なく、より人間らしく生きていくことを大事にするということにも繋がるように感じますね。

長　おっしゃるとおりで「空気を読む」ためには、人間らしく生きるための土台が必要不可欠なんです。結局のところ、今の日本人は人としての土台作りが疎かになっている。そしてそのうえ左脳をしっかり働かせてきちんと理解しようとしないし、したとしてもそれを相手に論理的に伝えようとせずに、含み（「言わなくても分かるよね」という日本人独特の感性）を持って対応するから、日本人は曖昧で理解しがたい人種だということになり、色々な意味で今の日本は国として認められない状況から脱することができないのです。

❖暗号資産が主要通貨になる可能性

長　そもそも日本は右脳主体の人が多いんです。右脳を使って直感的に動くことはすばらしいことなのだけれども、今の世界では表現が曖昧すぎて通用しない。そしてそれでは他人、特に外国の人たちに伝えることができない。その点僕は先ほども話した通り完全な左脳人間で嫌われることも多いんだけれど、その必要性を論理的に伝えることができるんですね。

たとえば、女性の多くが政治の次か同じくらい語るのを嫌がる経済の話をすると、数年前から暗号資産（仮想通貨の呼称を「暗号資産」に変更することを盛り込んだ金融商品取引法が改正案を閣議決定した）が注目されるようになりましたよね。暗号資産で儲けようというようなことが言われていましたし、今でもそういうことを言っている人がいるようですが、本来の暗号資産は儲ける手段ではありません。

暗号資産というのは、その目的の一つに国境のない世界を創るために、世界共通の通貨として機能することを目指して創られたものであるようです。そのため、暗号資産が一人歩きしてしまうと、国であったり、権力を持っている支配者側からすると、人々をコントロールすることができなくなるので困るわけです。だから、特に支配者の手先とも言える日本の官僚やマスコミなどは、暗号資産を怪しいものとして取り上げることはあっても、正しく伝え、報道することはないと思います。

章子　私たちは、学んだり考えることをせずにそれらの報道に流されているということですね。あるいは、違和感はあってもどうしていいかわからなくて仕方なく流されているという人も多いかもしれません。

長　そのとおりです。それらの政策や報道が功を奏していることもあって、お金儲けの手段として使おうとしてしまう人が多すぎるために、今はまだうまく機能しているとは言えませんが、暗号資産はＺＯＺＯの前澤友作さんが絶賛したことで一躍有名になった長島龍人さんの『お金のいらない国』（ネットワーク『地球村』）のような世界を創っていくことができる可能性があるものなのです。

章子　私たちがきちんと考えたり理解したりしないことで、そんな大切な流れを潰してしまいかねないということですか。

長　正確には、流れが潰れるのではなくて、日本が流れに乗れずに経済的に潰れていくということになるでしょうね。日本の政策や報道だけを見ていると、すっかり下火になっているように感じられますが、暗号資産がなくなることはありません。

日本は地震や災害が多いので、どうしても現金を持っている必要があることから現金での支払い率が現状では8割を超えると言われています。でも、海外では多額のお金を持ち歩くことやタンス預金は危険ですよね。だからクレジットカードやデビットカード、モバイル通貨などでの支払いが中心となり、現金での支払いが極端に少なくなってきています。

今の日本では赤ちゃんでも銀行口座を持っていたりしますよね。でも、実はそんな国は日本くらいで、ヨーロッパで全国民の7割、フィリピンで3割、アフリカは1割を切るくらいの人しか自分の銀行口座を持てないんです。

日本国民はそれだけ日本円と銀行を確たる根拠もなく信頼してお金を使ったり預けたりしているわけですが、その銀行が今、これまでに前例のない規模のリストラを計画しています。実はこれは、暗号資産が主要通貨になることを想定していて、もしかすると傘下のカード会社と主従の関係が入れ替わるかもしれないと懸念しているからなんです。ちょうどセブンイレブンがイトーヨーカドーを飲み込んでいったように、です。

章子　銀行や日本円を信頼していること自体が、すでに思考が足りていないということになりますね。私は右脳主体で、直感だけで動く代表のような人間なのですが、その直感を大切にしながらも、きちんとした情報を得て学び、将来を見据えて自分でしっかり考え、できることから動いていくことが大切ですね。

❖人間の肉体寿命は等しく１６０歳

章子　現実世界を地に足をつけてしっかり生きいてくということを考える時に、お金と同じくらい、むしろより大切なのが、やはり健康だろうと思います。この肉体を作り支えている食べ物についての捉え方は、とても重要になってきますね。

長　食べ物については、かなりしっかりとした捉え方が必要になると思います。
たとえば、健康のためには農薬が口に入らないようにした方が良いのは間違いありませんが、単に無農薬の野菜だけを選んで食べるのか、それとも農薬を落とす、あるいは無害化してから食べるのか、それはそれぞれの価値観の問題になってきます。

章子　様々な意見がありますが、私自身はそれぞれが置かれた環境の中で自分の心身が心地よく感じるものを摂っていくのが、一番良いのではないかと感じています。

お肉がダメだという意見も多くありますが、私は感謝していただいていますね。

長　肉はダメだというのは、実は肉そのものがダメなのではなくて、どういうふうに育てられた肉なのかが問題なんです。抗生物質とホルモン剤漬けで育てられ、足が何本もあるような鶏が身体のためになると思いますか？　ということです。

それに付随した形で勘違いされているのが、肉食になったことで日本人女性の初潮が早くなったといわれていることです。これは間違いで、肉食になって変わったのは足の長さです。消化するのに必要な腸が短くなったので、その分、足が長くなりました。初潮が早くなったのは肉に入っている成長ホルモンの影響で、逆にいうとそれだけ成長が早いと、当然老化も早くなります。

章子　ということは、寿命が短くなるということでしょうか。

長　人間の肉体寿命は等しく１６０歳です。ただしこれは、食べない、息もしないという条件下においてです。酸素というのは生きるために絶対に必要なものですが、同時に身体を酸化させる毒でもあり、呼吸するということは、それだけで寿命を削ることになるんですね。食べるという行為も同じで、消化する際に身体を酸化させるから、結果的に寿命を削ることになるんです。

　問題は最終的にどれだけ寿命を削ったかということで、それによって個人それぞれの寿命が決まります。よく無農薬の野菜を食べた方が寿命が延びると言いますが、正確には延びるのではなくて削る量が減るということになりますね。

章子　平均寿命だけで考えると、日本はとても長いですよね。でも、本当の意味で長寿国とは言えない気がしてなりません。

長　それはきっと、健康で長生きしている人が極端に少ないからですね。ほぼ同じような環境下で暮らしている日本とヨーロッパを比較すると、ヨーロッパの方が平均寿命は短くなっています。その理由は食生活云々ではなく、ヨーロッパでは終末医療が成熟されていて、延命措置がほとんどされないからです。

死ぬに任せるというか、ギリギリになって家族に延命処置をするかしないかを聞くんです。一回延命装置をつけると外せないということをきちんと話して、選択を患者側に委ねるんですね。ところが、日本は病院が主導権を持ってしまっていて、医師が訴えられないために勝手にくっつけてしまうことが多いのです。だから、見かけ上は日本の方が長生きだけれど、実際にはヨーロッパの方が元気で長生きなんですよ。

章子　延命措置については、高齢者の数が多すぎてベッドが足りないということが大きな理由のようですが、日本でも徐々に患者側に選択をゆだねることがされるようになってきていると聞きます。それでもやっぱり寝たきり、それから心の病も含め、病気の人が多いなとは思いますね。

長　とにかく身体に入ってくる毒の量が多いというのが、一番大きな問題なのでしょうね。農薬の使用はアメリカの5倍以上の量で世界一ですし、食品添加物はなんと1500種類以上が使われています。これに対してヨーロッパは素材を大切にする社会なので、混ぜ物を許さない。どの国でも使用できる食品添加物は100種類以下なんです。

章子　表向きの安全性ばかりを重視して、結局は寿命を削っているということですね。薬の処方もとても多いと言われますが、これは安易に病院に頼る私たちの意識の低さにも原因があり、怖い言い方になりますが、強いては日本人の家畜化に繋がっているようにも感じられます。

このままでは、いくら長生きできたとしてもこの時代に日本人として生まれてきた目的を果たせるとはとても思えません。どの分野についても同じ結論になりますが、自分の軸をしっかりと持ち、雑多な情報に振り回されることなく、誰かにゆだねるのでもなく責任をもった選択ができるように、一人ひとりが学びを深めていかなければなりませんね。

❖祈る場所さえあればお墓はいらない

章子　ここまでは、良い生き方についてのお話でしたが、スピリチュアルに関心のある人たちであっても、人間にとって逃げられない課題である「生老病死」の「死」の部分の捉え方、そして対処の方法に迷われている方がとても多いように感じます。

長　そうですね。いちばん近しい存在であるご先祖様とつながる行為というのも、きちんと理解されていないことが多いように思います。

たとえば戒名ですが、あれは死んでから付けてもらうものではなく、本来は生きている間に自分で付けるものなんですよ。

章子　今は亡くなってからお坊さんに付けてもらいますよね。格の高い字を選んでもらうと値段が上がるなんて聞いたこともあります。

長　ただ、いずれにしてもある意味戒名というのは、残された人間の自己満足でしかないように思えるんです。いくら亡くなった方を大切に思って格の高い戒名を付けたとしても、亡くなられた方にとっては意味のないことでしょう。「死んでから付けられた戒名で呼ばれても判るわけがないだろう」と言われそうじゃないですか。そもそも亡くなられた人にとっては、戒名なんて関係ないですからね。

章子　じゃあ、戒名はいらないのでしょうか。

長　それがそうとも言えないところもあります。葬儀をする際には弔ってもらう宗派に属していること、つまり檀家であることを示す必要があり、それを示すものが戒名なのです。先祖供養と言っても、自分たちだけだと何をどうしていいか分からない。だから、専門である神主やお坊さんにお願いをすることになります。そのためにも檀家になる必要があるわけです。

結局のところ、戒名というのはあくまでも残されたもののためにあるものであって、亡くなったご先祖のためにあるわけではない。そういうふうに考えると、俗名でもなんでもかまわないということになりますね。

章子　せっかくなのでもう少し先祖供養について教えていただけますか？

長　まず、仏壇とお墓は別物だと考えてくださいね。

仏壇というのは亡くなった人が住むための家であり、まだ生きて生活している家族と共に過ごすための居場所だと思ってください。そして位牌というのは、亡くなった人が座る場所、止まり木のようなものなのです。生きているときにはその方の座る定位置があったと思うのですが、亡くなってしまうと定位置は他の方のものとなってしまいますので可哀想です。そこで定位置になるのが位牌ということになります。

章子　亡くなった人に手を合わせようとした時に、何か具体的な目当てがあったほうがいいということですね。

長　そうです。そして仏壇の中に位牌を置いておけるのは基本的に49年間と決まっていて、50回忌で片づけます。仏教の法事は47回忌で、神道でも50回忌で終わります。それにはちゃんとした理由があって、人の生まれ変わるまでの期間は亡くなってからおよそ

100年だと言われています。そのうちの半分はこちらでお世話しますので、残り半分はこちらのことは忘れて、生まれ変わるための準備をしてくださいねという意味なんです。

章子　お位牌を片付けた後はどうなるのでしょうか。

長　位牌を片付ける頃には、もうその人をきちんと覚えている家族はほとんどいなくなっていますよね。そうなった時に住んでいた仏壇という家を出て、そこからはご先祖様の仲間入りということになります。そして、居場所というか止まり木は、先祖供養の基本であるお墓に移るんです。

お墓はご先祖さまに手を合わせて感謝する場所です。だからお墓参りをするというのが、先祖供養の基本であり、正しいやり方になるのです。

章子　お墓というと、お骨を納めている方にお参りするようなイメージがありますが、そこに入っていない方も含め、すべてのご先祖様にお参りすることになるのですね。

長　そうですね。そのことに関しても勘違いされている方が多いのですが、基本的にお墓で大切なのは地面より上の唐塔とか石塔と呼ばれている部分です。逆に地面から下の部分、墓所と呼ばれる骨を納める部分ですが、そこにはあまり意味がありません。

本来、亡くなった人にとって肉体や骨は意味のないものです。それに執着する方は殺されて地縛霊になった場合など限られた方なので、一般的に執着する方は少ないと思っていただいて大丈夫です。

しかし、骨を粗末に扱うと祟ってくるときがありますので注意してください。これは骨に執着があるからではなく、自分がぞんざいな扱いを受けたと思うからであり、基本その思いは恨みになります。そのため、そのように受け取られないようにすることが大切になります。

それから、お墓はご先祖さまに感謝する場所なので、自分でお墓を建てていれば、わざわざ本家のお墓まで行ってお参りする必要はありませんし、極端な話、祈る場所さえきちんとあれば、お墓はなくてもかまわないのです。

章子　自分の代でお墓が終わってしまうケースがこれからは増えると思うのですが、その場合はどのようにすればよいでしょうか？

長　その場合は墓終いしてお墓を返し、本人に関して言えば永代供養をお願いしておくことでしょう。それが残された方々に迷惑をかけない一番良い方法だと思いますよ。

❖現実世界とスピリチュアルは表裏一体

章子　生まれ変わりというお話が出てきたので、輪廻転生の捉え方についても知っておいたほうがいいことはあるでしょうか。

長　輪廻転生を考える際に注意しなくてはならないのは、生まれ変わる先を決めるのはあくまでも自分だということ。そして輪廻転生の世界では空間や時間の概念が通用しないということです。

このため、どの星に生まれ変わるのか？どんな環境を選ぶのか？ということを決めるのはもちろんのこと、学びたい内容によっては未来や過去に生まれ変わることを選択することもあるんですよ。だから過去生の記憶といっても、その記憶が必ずしも地球の記憶であるとか、過去の時代の記憶であるとは限らないんです。

必要であれば地球に生まれ変わることもあって、その時には地球のルールに従って生まれる時に記憶を失います。ただ時々たくさんの過去生を最初から覚えていたり、生きているうちにどんどん思い出したりということもあります。

章子　若い世代になればなるほど、そういった生まれる前の記憶を持っていたり、思い出したりという人が増えているようですね。

長　時代が変化してきているし、彼らの方が僕たちよりも進んでいる証拠ですね。

そういった記憶のあるなしに関わらず、生きていく中で出会う人のうち、八〜九割は過去生のどこかで何かしらつながりのある人です。

章子　全員ではないんですね。

長　出会う方のすべてが過去生で関わりのある人によって構成されていたのでは、馴れ合いになってしまう可能性があるからでしょう。そうならないように一〜二割は初めての方を入れて刺激（気づき）がある人生に変えようとするのが神様の采配だそうです。同じだと進歩がなくなりますからね。

それに、生まれ変わりを何回か繰り返すと、つながりがある人はねずみ算式に増えていきますので、今生で実際に再会できる人はごくごく一部に過ぎませんし、人のめぐり逢いなんてどこでどうなるかわかりません。また、人の記憶もあてにならないもので、自分に都合の悪い事は思い出さないようにしていたりするものなんです。

たとえば僕にしても、トルコには縁があるけれど、イスラエルにはまったく関係がないと思い込んでいたのですが、いざ行ってみたら「ここにいた」というたしかな記憶がよみがえってきましたからね。

章子　「袖振り合うも多生の縁」というのは、本当のことなのですね。それに一割の「はじめまして」の方との出会いがあるというのにもワクワクしてしまいます。一つひとつの出会いを大切にしていきたいものですね。

出会いと言えば、せっかくなのでお話の範囲を宇宙まで広げて伺いたいです。今のところ実生活にはほとんど影響はないのだけれど、プレアデスやシリウスなどに関心を持つ方が増えているように感じます。過去生でそれらの星々にいたというような話を聞くこともありますが、そのような話はどう捉えるといいでしょうか？

長 地球は宇宙の中ではかなり特殊な星だと思います。たとえばオリオンという星がありますが、そこはさながら映画「スターウォーズ」の世界です。征服する者と征服される者しかいないというのが全員の共通意識なんですね。「スターウォーズ」では、帝国側とレジスタンスの対立が描かれていて、反帝国側は征服されている状態が嫌で、反乱を起こして征服する側に回ろうとしているということです。

ではそれ以外の人たちはどういう状態かというと、すべての人が征服され、支配されている状態なんです。全員の意識がそのバンドの中に収まっているということです。そうなると、すべての人の価値観が同じになるので、こういう経験がしたい場合はこの星に、というふうに生まれる先を使い分けることができるんですね。

では、なぜオリオンやその他の星の魂が地球に生まれるかというと、様々な価値観を学ぶためです。そして、様々な価値観が同じ時空に存在することで起きてくる様々な出来事を体験するために、地球に生まれてくるんですね。

だから、オリオンでの過去生を覚えていたとしても、その経験を今この地球世界で活かせるかと言えばそうはいかないでしょうね。つまり、宇宙での過去生の話もいいけれど、それはただの思い出に過ぎないということです。

章子　私もいま地球の人間としてやるべきことに向き合ったほうがいいと思います。ちなみに、いま宇宙船が地球の上空に来ていて、時期が来たら私たちの前に現れてくるというような話をする方もいらっしゃいますが、それについてはどうでしょうか？

長　そういうことがあるかどうかはわかりませんが、見守ってはいますよ。これは地底人も同じです。

話が変わりますが、よく地球が危なくなったら火星に移住しましょうと簡単に言う人がいます。しかし、宇宙は原子炉よりも放射線量が多いんですよ。宇宙船の窓が鉛入りで小さいのは被爆を防ぐためなんです。地球人もれっきとした宇宙人ですが、どうしても他の星の住人になりたいのなら、死んで生まれ変わるのが一番早いでしょうね(笑)。

章子　どこかの星に移住するくらいなら、目の前のことにしっかり向き合って地球をいい星にする方がよほど現実的ですよね。

長　地球が崩壊するから火星へ移住したいということなのでしょうが、壊すだけの科学力があれば、逆に地球を再生することも可能だと思うので、そちらに注力すべきですよね。

章子　実は私は、宇宙人からのメッセージをチャネリングをしたこともありますし、富士山麓で大きな母船3隻と宇宙船200隻が目の前にあらわれた場面を実況中継したこともあるんです。アシュターコマンド船団という、シリウスとプレアデスの船団の隊長が地球人の進化を応援していると聞いたこともあります。だから、宇宙人はたしかにいて、地球の行く末を祈りとともに見守ってくださっているとは思うのですが、問題はそれに対するこちら側の姿勢だと思います。

そういった宇宙人のこと、それから神様のお話を好んでされる方の中には、単なる現実逃避の手段や、お遊び的なものとしてスピリチュアルを捉えている方が、少なからずいらっしゃるように感じます。それが悪いとまでは言いませんが、良くも悪くも私は生業としてスピリチュアルをやってきたので、遊び半分、あるいは浮足立った状態が「スピリチュアル系」なのではと誤認されることに、憤りを覚えることが何度もありました。

「真剣勝負」という言葉がありますが、遊び半分で真剣を振り回したらとても危険ですよね。スピリチュアルに関わるということはそれに近いものがあります。これまで私が見聞きしてきた中には、霊体に憑依されたり、経済的に破綻したり、精神病院送りになったり、裁判沙汰になったりと、かえって不幸になってしまうケースも数多くありました。

スピリチュアルなことを学び活用するのは、人生をより良く幸せに生きるためだと思います。そういう意味では、私自身が「地に足のついたスピリチュアル」を実践し続けることでしか本当のスピリチュアルは伝えられないのではないかと思い、長年、自分なりに活動をしてきました。

ただ、20年前に比べれば、ずいぶんスピリチュアルなことも世の中に浸透してきて、最近はお客様にも変化が見られるようになってきました。お仕事、家族関係や健康といった実生活に息づいているスピリチュアルをきちんと感じられるようになってきたのだと思います。

長　適材適所という言い方が合っているのかは判りませんが、神様というのは1から10まで面倒見てくれるような都合の良い存在ではありません。自分たちの出来るところまでやって、どうしても出来ないところだけは助けてくれるというのが基本スタンスなんです。神様と繋がったら何でも出来るなどというのは幻想です。たとえば神様が目の前に現れたとしても、それだけでは何も起こりません。問題なのは神様に会って何を感じたのか、そして何をしなくてはならないと思ったのか、そこに気づけるのかどうかが大切なことなのであって、会うことそのものが大切なのではないのです。

章子　本当にその通りだと思います。

長　スピリチュアルなことだけではなく、闇の世界に関わる政治や経済を面白おかしく話しているのも、実は同じことなんです。これから生きていくに当たって社会の裏側で何が起こっているのかを知らないと、正しい判断が難しくなるように思います。でも、それを知ったとしても、自分がどうするのかという知恵が無いと、何にもなりません。

章子　闇の世界のお話は、本当に難しいと思います。恐怖心を煽るのも、攻撃的にさせてしまうのもダメですよね。日本はアメリカに支配されているということを言うと、それなら何をしても仕方ないと諦めてしまう人もいるかもしれません。

長　「何のために」という考えをしっかり持った上で、正しい情報を得ることが大切なんです。世の中で起こること全てのことには表と裏があり、その両方を踏まえたときに初めて見えてくるものがあります。表の社会と裏の社会のことはもちろん、現実世界とスピリチュアルも表裏一体です。光と影のようにどちらが偉いわけでもなく、両方が在って初めて一つのものになるのです。だから、現実世界を踏まえずに影だけを追っていても意味がありません。

章子　それこそまさに陰陽統合、私たちが新しい時代に向けて目指していくべき姿勢ですね。

❖光を観じ愛に生きる時代へ

章子　私はこの10年ほどの間にもう１８０回近く「光を観る旅」というツアーを企画、開催してきたのですが、それはそんな姿勢を実体験していく場として機能してきたのかもしれないと感じます。行き先や行く時期の決定は完全に私の直感だよりなのですが、時期や場所に応じてお集まりいただくメンバーは、ご本人の直感と天の采配だと思っています。

ただし、個人的な趣味としては旅の楽しみは美味しいものを食べることでもあるので、食事やお茶のお店には、かなりこだわりますが(笑)。

それはともかくとして、私の仕事は皆様が現地に来られるまでのプロセスやツアーの行程を考えることで９割方終わっていると思っています。というのも「光を観る」というのは、見せてもらうのではなくて、自分で観るということだと思うんですね。

そして観じる「光」も、聖地のエネルギーや神様の愛の光などという意味だけではなくて、自分の中にある光、また一緒にツアー行った人の中の光、参加される方それぞれに必要な光を観るのだと思うのです。

長　章子さんの直感力はすごいですからね。

章子　そんなことないです！　と謙遜しそうになりますが、ここは自信をもってお言葉ありがたく頂戴したいと思います。

というのも、いつだったか私が精神的に落ち込んでいたときに、長さんが神様からのメッセージとして「自信をなくしたら形にならなくなるから、自分が感じたままやりなさい」と言ってくださったんですね。

そこから快進撃がはじまって、それ以降いまに至るまで「光を観る旅」は募集を開始すると即満員という状態が続いています。ただおもしろいのが、ごくまれに場所やタイミングを間違えると、どんなに企画内容が良くても申し込みが入らなくて、それも含めて天の采配のすばらしさを感じずにはいられません。

長　自信を持つというのは自分を信じることであって、自分に固執したり傲慢になることとはまったく違いますからね。直感はどんなに優れた人でも信じて意識して使っていかないとどんどん鈍ってしまいます。

章子　逆に私のようにとにかく直感を鍛えていくことで、まだ途上ではありますが長さんをはじめとするすごい方たちとご縁をいただけていますから、本当に直感は鍛えたもの勝ちだと思います。

ここ数年の「光を観じる旅」は、長さんとご一緒するツアーがとても多くなっています。先ほどのお話だと、どうも東北や、ひょっとしたら北海道にも行くかもしれませんね。

長　章子さんはドンピシャの時期にぴったりの場所を言ってこられますからね。私はそこへ行って必要なことをお話しするだけという感じです。

章子　逆に私は直感だけなので、なぜ今なのか、なぜその場所なのか、なぜそのメンバーなのかというのがまったく分からないんですね。きっと長さんと私は、巫女と審神者のように、お仕事の上で男性性（左脳）と女性性（右脳）とのバランスが取れた良い組合せなのだろうと思います。

長　誰にでも長所短所、あるいは女性性、男性性などに偏りがあるものですから、仕事でも生活でも、自分だけでやろうとするのではなくて補い合ってバランスを取っていくことが大切です。そうやって物事を進めていくのが、日本人には合っているということもありますしね。

章子　長さんに解説していただけることは本当にありがたくて、私も毎回参加者の皆さんと一緒に「なるほど、そういうことか」とお聞きしています。

だから、私はとにかく、いかに長さんに気持ちよく話してもらうかに腐心しているんです。ただ、長さんは口が滑らかになるとすぐにリミッターが外れてしまって、必要とあらば公にできない情報もどんどん話してしまわれるんですよね。でも、それはその場に居合わせるからこそお聞きできる貴重なことなので、あえて止めることなく、お客様にはSNS等には絶対書きこまないように徹底してお願いするようにしています。

長　話すとまずいことが多すぎるんですよね。それにしても、章子さんは実にうまい手綱さばきをされているということになりますね。その証拠にあれほど根暗だった僕が、ずいぶん明るくなって、実によく笑うようになりましたからね(笑)。

章子　長さんとの出会いは、私にとってはまさにミラクルだと思うんです。ハワイ島出身、マウイ島在住のスピリチュアル・カウンセラー、ロイ・ゴヤさんは長さんのことを「マスター・長」と呼ばれます。「地球にやってきて、いのちの種を置いていった人。本来地球で肉体を持つ必要などない方です」と。きっとマスター・長は、自分の地球での学びは終了したのだけれど、地球の進化を応援するためにやってきたグループの中のお一人なのではないかと思います。

長　いやいや、それは買いかぶりすぎというものです。地球に生まれた回数が多いのはたしかですが、たいていロクなことをやっていないものだから、言うなれば今回はその火消しの人生みたいなものなんですよ。

章子　火消しというよりは、今はあちこちでオールスターがそろい踏みして、かつての所業を大掃除する総決算という感じがします。

長さんのパートナーの加緒里さんも本当は地球に生まれてこなくてよかったのだけれど、長さんが行くならついて行きますと言って生まれてきたのでしょうね。

長　章子さん、それは違いますよ。彼女は「地球を守りたい」という強い思いをもって、それを成すために生まれてきているのです。
　これは章子さんにも、そしてどなたにもに当てはまることなのですが、助け合うことはしても、誰かのために生まれる人というのは一人もいません。みんなそれぞれに自分の目的をもって生まれてくるものなのです。
　そして、そうして地球に生まれた一人ひとりの生命は、比べようもなく尊く、愛と光に満ちあふれたものなのです。

章子　ああ、本当にほんとうにそのとおりだと思います。
　それぞれの生命が、その光を観じて、そして愛に生きていく、そんな時代が必ずや実現しますように、この美しい地球の、このすばらしい日本で、ご縁で結ばれた皆様とご一緒にこれからもしっかりと歩みを進めていきたいと思います。

長　そうですね。はじまりの時、これからも楽しくご一緒いたしましょう。

あとがき

子どもの頃から、本に囲まれて私は育ちました。本好きの父のおかげで、我が家は図書館のようでした。幼いころ、どんなことを質問しても博識だった父からはすぐに答えが返ってきました。家族で「お父さんは本を書けばいいのにね」と言い合ったものです。結局、父は1999年に72歳で他界しましたが、自ら書を著すということはありませんでした。長い時を経て、右脳派で直感型の私が、まさか本を出版することになるなんて、つくづく人生とは不思議なものです。

スピリチュアルな世界でお仕事をするようになって早や20年以上が過ぎました。この業界でも多種多様な本が世の中にたくさん出ています。時々、お客様から「本は出さないのですか?」というご質問をいただくことがありました。

今はブログやメルマガ、SNS等、自分の文章を人様に読んでいただく機会はたくさんあります。もちろん私も普段は何らかの形で発信しています。出版不況と言われる世の中で、果たして本当に意義のある本を出せるのか？という疑問を抱えたまま、年月が過ぎてしまいました。けれども、もしも本を出す機会をいただけるとしたら、長いお付き合いのあるきれい・ねっとの山内尚子さんにお願いしたい、と心のどこかで決めていたのです。

ふとした一言をきっかけに、平成最後の年に、それが本当に実現する運びとなりました。それも、膨大な知識や体験をお持ちである大先輩の長典男先生との対談本です。でも、長先生との対談の様子を想像してみると、オリンピックに出場するトップアスリートに、ド素人の選手が無謀な挑戦をするようにしか思えません。とても成立するような試合にはならない、とんでもないです、と尻込みをする私に、尚子さんは「長典男先生の膨大な知識の引き出しを開ける役を、ぜひあなたにお願いしたいのです」と言ってくださいました。

なるほど、そういうことならばと、私は肩の荷が下りました。２０１０年から主宰している「光を観る旅」において、長先生にゲスト講師をお願いしていた経験から、私は読者の皆さんと同じ立ち位置と目線で、長先生のお話を伺うことができたからです。

平成最後の夏にスタートしたこの企画は、長先生という大先輩の胸を借り、尚子さんという名うての編集者の腕を借りて、なんと令和元年が始まるその日に出版されるというミラクルが起こりました。

「ビューティフル・ハーモニー」と訳されたその元号がスタートするのにふさわしい内容の本になったのではと思います。この本が、読者の皆さまにとりまして、新しい時代を生き抜くためのヒントとなりましたら、心から嬉しく思います。

最後に、長典男先生、山内尚子さん、長先生のパートナーの加緒里さん、お世話になった皆さま、アセンディッドマスターの皆さま、そして宇宙の計らいに心から感謝を申し上げます。本当にありがとうございました。

長谷川 章子

平成31年4月20日

著者略歴

中学3年の時、偶然立ち寄った護国寺で運命的に出会った僧侶に導かれ、和歌山県の高野山にて真言宗金剛峯寺派の在家僧侶として修行。22歳まで活動したあと、還俗。現在は自らの「見えないものを見る力」を生かし、人生相談や情報提供を行っている。

長　典男
（ちょう のりお）

有限会社元気 代表取締役
ミッション・ナビゲーター
オリジナルの観音カードを使ったセッションは「人生の羅針盤」として老若男女問わず好評を博している。
聖地を訪ねる「光を観る旅」、お話会「水の如く生きる」を各地で開催中。

長谷川章子
（はせがわ あきこ）

公式サイト http://mission-navi.jp/
ブログ https://ameblo.jp/mission-navi/

きれい・ねっと

あなたと
私と
この星と
きれいでつながる
よろこびの輪

はじまりの時 光を観じ愛に生きる時代へ

2019年5月22日　初版発行

著　者　長　典男　長谷川章子
発行人　山内尚子
発　行　株式会社　きれい・ねっと
〒670-0904　兵庫県姫路市塩町91
TEL 079-285-2215 FAX 079-222-3866
http://kilei.net

発売元　株式会社 星雲社
〒112-0005　東京都文京区水道1-3-30
TEL 03-3868-3275 FAX 03-3868-6588
デザイン　eastgraphy 筧美那世

ISBN978-4-434-26072-8